# Einfache Englisch Kurzgeschichten

## Kurzgeschichten auf Englisch für Anfänger

### Lukas Schmidt

# Inhalt

# Einführung

Das Lesen in einer Fremdsprache ist eine der effektivsten Möglichkeiten, um die Sprachkenntnisse zu verbessern und den Wortschatz zu erweitern. Allerdings kann es manchmal schwierig sein, ansprechendes Lesematerial auf einem angemessenen Niveau zu finden, das Erfolgserlebnisse und ein Gefühl des Fortschritts vermittelt. Die meisten Bücher und Artikel, die für Muttersprachler geschrieben wurden, sind zu lang und schwer zu verstehen oder haben einen sehr hohen Wortschatz, so dass Sie sich überfordert fühlen und aufgeben. Wenn Ihnen diese Probleme bekannt vorkommen, dann ist dieses Buch genau das Richtige für Sie!

Einfache Englisch Kurzgeschichten ist eine Sammlung von 25 unkonventionellen und unterhaltsamen Kurzgeschichten, die Anfängern und Mittelstufenschülern helfen sollen, ihre Sprachkenntnisse zu verbessern Englisch.
Diese Kurzgeschichten schaffen eine förderliche Leseumgebung;

- Reichhaltiger sprachlicher Inhalt in verschiedenen Genres, um Sie zu unterhalten und Ihnen eine Vielzahl von Wortformen zu vermitteln.
- Kürzere Geschichten in Kapiteln, damit Sie die Freude haben, die Geschichten zu beenden und schnell voranzukommen.
- Texte, die auf Ihrem Niveau geschrieben sind, so dass sie leichter zu verstehen sind und Sie nicht überwältigen.
- Die deutsche Übersetzung befindet sich auf abwechselnden Seiten, so dass Sie beim Lesen

der Englisch Geschichte direkt Zeile für Zeile nachschlagen können.

- Die wichtigsten Vokabeln sind in der Geschichte und in der Übersetzung fett gedruckt, damit Sie unbekannte Wörter besser verstehen.
- Verständnisfragen, um zu prüfen, ob Sie die wichtigsten Ereignisse verstanden haben, und um Sie anzuregen, genauer zu lesen.

Egal, ob Sie Ihren Wortschatz erweitern, Ihr Verständnis verbessern oder einfach nur zum Spaß lesen wollen, dieses Buch ist der größte Schritt nach vorn, den Sie in diesem Jahr in Ihrem Studium machen werden. Dieses Buch gibt dir alle Unterstützung, die du brauchst. Also lehnen Sie sich zurück, entspannen Sie sich und lassen Sie Ihrer Fantasie freien Lauf, während Sie in eine magische Welt voller Abenteuer, Geheimnisse und Intrigen entführt werden - auf Englisch!

# Wie man dieses Buch benutzt

Lesen ist ein schwer zu beherrschendes Talent. Wir nutzen eine Reihe von Mikrofähigkeiten, um in unserer Muttersprache zu lesen. Zum Beispiel können wir einen Text überfliegen, um ein grobes Verständnis für den Inhalt zu bekommen. Oder wir durchforsten zahlreiche Seiten eines Zugfahrplans auf der Suche nach einer bestimmten Zeit oder einem bestimmten Ort. Während diese Mikrofertigkeiten beim Lesen in unserer Muttersprache zur zweiten Natur geworden sind, zeigen Untersuchungen, dass wir die meisten davon beim Lesen in einer Fremdsprache vergessen. Wenn wir eine Fremdsprache lernen, beginnen wir normalerweise am Anfang eines Textes und arbeiten uns durch ihn hindurch, wobei wir versuchen, jedes einzelne Wort zu verstehen. Dabei stoßen wir unweigerlich auf unbekannte oder komplexe Begriffe und ärgern uns, dass wir sie nicht verstehen können.

Einer der größten Vorteile des Lesens in einer Fremdsprache besteht darin, dass man eine große Anzahl von Redewendungen und Ausdrücken kennenlernt, die in Alltagssituationen verwendet werden. Extensives Lesen ist ein Begriff, der das Lesen zum Vergnügen beschreibt, um eine Sprache zu lernen. Es ist nicht mit dem Lesen eines Lehrbuchs zu vergleichen, bei dem Gespräche oder Texte langsam und aufmerksam gelesen werden sollen, um jedes Wort zu verstehen. "Intensives Lesen" bezieht sich auf das Lesen, um bestimmte Lernziele zu erreichen oder Aufgaben zu erfüllen.

Einfache Englisch Kurzgeschichten bietet Ihnen die

Möglichkeit, mehr über den natürlichen Englisch Sprachgebrauch zu erfahren, auch wenn Sie Ihre Reise zum Sprachenlernen vielleicht nur mit Lehrbüchern begonnen haben. Im Folgenden finden Sie einige Hinweise, die Sie beim Lesen der Geschichten in diesem Buch beachten sollten, um das Beste aus ihnen herauszuholen: Wenn es um das Lesen geht, sind Spaß und Erfolgserlebnisse entscheidend. Man kommt immer wieder zurück, weil man Spaß an dem hat, was man liest. Jede Geschichte von Anfang bis Ende zu lesen, ist die beste Methode, um das Lesen von Geschichten zu genießen und das Gefühl zu haben, etwas erreicht zu haben. Das Wichtigste ist also, zum Ende einer Geschichte zu gelangen. Das ist sogar noch wichtiger, als jedes einzelne Wort zu kennen.

Je mehr Sie lesen, desto mehr Wissen werden Sie erwerben. Wenn du größere Bücher zum Vergnügen liest, wirst du schnell wissen, wie Englisch funktioniert. Denken Sie jedoch daran, dass Sie zuerst ein ausreichend großes Buch lesen müssen, um den vollen Nutzen aus einer umfangreichen Lektüre zu ziehen. Wenn Sie hier und da ein paar Seiten lesen, lernen Sie vielleicht ein paar neue Wörter, aber das wird keinen wesentlichen Unterschied in Ihrem Gesamtniveau von Englisch machen.

Akzeptieren Sie die Tatsache, dass Sie nicht alles verstehen werden, was Sie in einem Roman lesen. Dies ist zweifellos der wichtigste Punkt! Denken Sie immer daran, dass es völlig in Ordnung ist, nicht alle Wörter oder Sätze zu verstehen. Das bedeutet nicht, dass Ihre Sprachkenntnisse unzureichend sind oder dass Sie eine schlechte Leistung erbringen. Es zeigt, dass Sie aktiv am Lernprozess beteiligt sind.

# Leitfaden zum Lesen

Es ist am besten, wenn Sie für jedes Kapitel der Geschichten diesen einfachen sechsstufigen Leseprozess befolgen:

1. Lesen Sie den Titel des Kapitels. Überlegen Sie, worum es in der Geschichte gehen könnte. Lesen Sie dann die Geschichte ganz durch. Ihr Ziel ist es einfach, das Ende der Geschichte zu erreichen. Halten Sie also nicht an, um Wörter nachzuschlagen, und machen Sie sich keine Sorgen, wenn Sie etwas nicht verstehen. Versuchen Sie einfach, der Handlung zu folgen.

2. Wenn Sie das Ende der Geschichte erreicht haben, lesen Sie die deutsche Übersetzung durch, um zu sehen, ob Sie verstanden haben, was passiert ist, und nehmen Sie jeden Kontext auf, den Sie vielleicht verpasst haben.

3. Gehen Sie zurück und lesen Sie die gleiche Geschichte noch einmal. Wenn Sie möchten, können Sie sich mehr auf die Details der Geschichte konzentrieren als zuvor, aber ansonsten lesen Sie sie einfach noch einmal durch.

4. Gehen Sie anschließend die Verständnisfragen in Englisch durch, um zu überprüfen, ob Sie die Schlüsselereignisse der Geschichte verstanden haben. Wenn Sie die Fragen nicht ganz verstehen, machen Sie sich keine Sorgen. Nutzen Sie Ihr Wissen, um so gut wie möglich zu antworten.

5. Zu diesem Zeitpunkt sollten Sie die wichtigsten Ereignisse des Kapitels einigermaßen verstanden haben. Falls nicht, sollten Sie das Kapitel einige Male anhand der Übersetzung lesen, um unbekannte Wörter und Sätze zu

überprüfen, bis Sie sich sicher fühlen.

Sobald Sie bereit sind und sicher sind, dass Sie verstanden haben, was passiert ist - egal, ob Sie die Geschichte einmal oder mehrmals gelesen haben - gehen Sie zur nächsten Geschichte über und lesen Sie die Geschichte in Ihrem eigenen Tempo weiter, so wie Sie es mit jedem anderen Buch tun würden.

Erst wenn Sie eine Geschichte vollständig gelesen haben, sollten Sie zurückgehen und die Sprache der Geschichte vertiefen, wenn Sie das möchten. Anstatt sich Sorgen zu machen, ob Sie alles verstanden haben, sollten Sie sich die Zeit nehmen, sich auf das zu konzentrieren, was Sie verstanden haben, und sich selbst zu dem beglückwünschen, was Sie geschafft haben.

# Einfache Englische Kurzgeschichten

# The Lake District

The Lake District was always a place of **mystery** to me. As a child, I would often explore the forests and lakes, imagining what secrets they held. I never imagined that one day I would find out. It was a warm summer day when I decided to take a walk in the woods near my house. I had been exploring these woods for **years**, and knew them like the back of my hand. But on this day, something felt different. It was as if someone was watching me. I tried to **shake** off the feeling and continued walking, but soon enough I heard footsteps behind me. When I turned around, there was no one there. My **heart** began to race as fear took over. I began to run, but it was as if the footsteps were following me. No matter how fast I ran, they always seemed to be right behind me. Suddenly, I felt something grab my arm and I was pulled into the woods. I tried to scream, but a hand covered my mouth.

I was terrified as I looked into the eyes of my captor. But then I saw something that made me even more afraid. The person who had grabbed me was wearing a mask. A mask that resembled one of the animals from the forest. And in their other hand, they held a **knife**. I was shaking with fear, but I knew I had to stay calm. The person who had grabbed me was clearly not human, and I didn't know what they wanted with me. But then they spoke, in a voice that sounded both **ancient** and wise. "You are the chosen one," they said. "The one who will save us all." I didn't know what to say or do.

# Der Lake District

Der Lake District war für mich immer ein Ort voller Geheimnisse. Als Kind habe ich oft die Wälder und Seen erkundet und mir vorgestellt, welche **Geheimnisse** sie bergen. Ich hätte nie gedacht, dass ich das eines Tages herausfinden würde. Es war ein warmer Sommertag, als ich beschloss, einen Spaziergang in den Wäldern in der Nähe meines Hauses zu machen. Ich hatte diese Wälder schon seit **Jahren** erkundet und kannte sie wie meine Westentasche. Aber an diesem Tag fühlte sich etwas anders an. Es war, als ob mich jemand beobachten würde. Ich versuchte, das Gefühl **abzuschütteln** und ging weiter, aber schon bald hörte ich Schritte hinter mir. Als ich mich umdrehte, war da niemand. Mein **Herz** begann zu rasen, und die Angst nahm überhand. Ich begann zu rennen, aber es war, als ob die Schritte mich verfolgten. Egal wie schnell ich rannte, sie schienen immer direkt hinter mir zu sein. Plötzlich spürte ich, wie etwas meinen Arm packte und ich in den Wald gezogen wurde. Ich versuchte zu schreien, aber eine Hand hielt mir den Mund zu.

Ich hatte schreckliche Angst, als ich in die Augen meines Entführers blickte. Aber dann sah ich etwas, das mir noch mehr Angst machte. Die Person, die mich gepackt hatte, trug eine Maske. Eine Maske, die einem der Tiere des Waldes ähnelte. Und in der anderen Hand hielt sie ein **Messer**. Ich zitterte vor Angst, aber ich wusste, dass ich ruhig bleiben musste. Die Person, die

This couldn't be happening. I must be dreaming. But it felt so real. The person explained that there was a war coming, and that only I could stop it. They told me about an evil force that was rising, and how only someone with a pure heart could **defeat** it. Without knowing what else to do, I agreed to help them.

And so began my journey to save the world from destruction. I was given a sword and told to head north. I had no idea what I was doing, but I knew I had to try. The person who had grabbed me disappeared into the woods, leaving me **alone** with my thoughts. And so I began walking, not knowing what awaited me. After days of walking, I came across a small village. It looked like it had been abandoned for years. But as soon as I entered, I could feel eyes on me. Hidden in the shadows, people were watching me. But they didn't come out until nightfall. That's when they attacked. I fought back as best as I could, but there were too many of them. Just when it seemed like all **hope** was lost, someone came to my rescue. A **group** of people wearing masks similar to the one from before appeared and fought off my attackers.

mich gepackt hatte, war eindeutig kein Mensch, und ich wusste nicht, was sie von mir wollte. Doch dann sprach sie mit einer Stimme, die sowohl **alt** als auch weise klang. "Du bist die Auserwählte", sagten sie. "Derjenige, der uns alle retten wird." Ich wusste nicht, was ich sagen oder tun sollte. Das konnte doch nicht wahr sein. Ich muss geträumt haben. Aber es fühlte sich so real an. Die Person erklärte mir, dass ein Krieg bevorstehe und dass nur ich ihn aufhalten könne. Sie erzählten mir von einer bösen Macht, die sich erheben würde, und dass nur jemand mit einem reinen Herzen sie **besiegen** könne. Da ich nicht wusste, was ich sonst tun sollte, willigte ich ein, ihnen zu helfen.

Und so begann meine Reise, um die Welt vor der Zerstörung zu retten. Man gab mir ein Schwert und sagte mir, ich solle nach Norden gehen. Ich hatte keine Ahnung, was ich da tat, aber ich wusste, dass ich es versuchen musste. Die Person, die mich gepackt hatte, verschwand in den Wäldern und ließ mich mit meinen Gedanken **allein**. Und so begann ich zu laufen, ohne zu wissen, was mich erwartete. Nach tagelangem Marsch stieß ich auf ein kleines Dorf. Es sah aus, als ob es seit Jahren verlassen war. Aber sobald ich es betrat, spürte ich, dass die Augen auf mich gerichtet waren. Versteckt in den Schatten beobachteten mich die Menschen. Aber sie kamen erst bei Einbruch der Dunkelheit wieder heraus. Dann griffen sie an. Ich wehrte mich, so gut ich konnte, aber es waren zu viele von ihnen. Gerade als es so aussah, als wäre alle **Hoffnung** verloren, kam mir jemand zu Hilfe. Eine **Gruppe** von Leuten, die ähnliche Masken trugen wie die von vorhin, erschien und wehrte meine Angreifer ab.

# Comprehension Questions

1. Where is the Lake District?

2. What did the child often do in the Lake District?

3. What did the child find out one day?

4. On the day something different happened, what did the child feel?

5. Who grabbed the child?

6. What did the person who grabbed the child have in their other hand?

7. What did the person tell the child?

8. What did the child agree to do?

9. What was the child given?

10. Who came to the child's rescue?

# Fragen zum Verständnis

1. Wo liegt der Lake District?

2. Was hat das Kind im Lake District oft gemacht?

3. Was hat das Kind eines Tages herausgefunden?

4. Was fühlte das Kind an dem Tag, an dem etwas anderes passierte?

5. Wer hat das Kind gepackt?

6. Was hatte die Person, die das Kind angefasst hat, in der anderen Hand?

7. Was hat die Person dem Kind gesagt?

8. Worauf hat sich das Kind eingelassen?

9. Was wurde dem Kind gegeben?

10. Wer kam dem Kind zu Hilfe?

# Snowdonia

The first time I ever saw Snowdonia was in a **dream**. It was a cold winter night and the snow was falling gently from the sky. The landscape was so beautiful and peaceful that I felt like I could stay there forever. I woke up the next **morning** with the image of Snowdonia burned into my mind. I knew that I had to see it for myself someday. A few years later, I finally made the trip to Snowdonia National Park in Wales. As soon as I arrived, I understood why my dreams had been so filled with this place. It was like nowhere else on Earth. The mountains loomed large overhead, their peaks covered in **snow** even though it was summertime down in the valley below. There were wildflowers blooming everywhere, and the air smelled fresh and clean. Every day during my visit, I went on new adventures, **exploring** different parts of Snowdonia.

One day, I hiked to the top of Mount Snowdon, the highest peak in Wales. Another day I took a **boat ride** across Llyn Glaslyn, admiring the stunning scenery along the way. And on one memorable evening, I sat outside under the **night sky**, watching as shooting stars streaked across the dark abyss above me. But no matter what activity I did each day or how long I stayed in Snowdonia National **Park**, there was always one thing that drew me back to that first magical night long ago: standing among those towering **mountains** and looking out at the majestic view of valleys blanketed in snow. It was my last day in Snowdonia National Park,

# Snowdonia

Das erste Mal, dass ich Snowdonia sah, war in einem **Traum**. Es war eine kalte Winternacht und der Schnee fiel sanft vom Himmel. Die Landschaft war so schön und friedlich, dass ich das Gefühl hatte, ich könnte für immer dort bleiben. Als ich am nächsten **Morgen** aufwachte, hatte sich das Bild von Snowdonia in mein Gedächtnis eingebrannt. Ich wusste, dass ich es eines Tages selbst sehen musste. Ein paar Jahre später machte ich mich schließlich auf den Weg zum Snowdonia National Park in Wales. Als ich dort ankam, verstand ich sofort, warum meine Träume so sehr von diesem Ort erfüllt gewesen waren. Es war wie nirgendwo sonst auf der Welt. Die Berge ragten hoch empor, ihre Gipfel waren mit **Schnee** bedeckt, obwohl unten im Tal Sommer war. Überall blühten Wildblumen, und die Luft roch frisch und sauber. Während meines Besuchs erlebte ich jeden Tag neue Abenteuer und **erkundete** verschiedene Teile von Snowdonia.

An einem Tag wanderte ich auf den Gipfel des Mount Snowdon, des höchsten Berges in Wales. An einem anderen Tag machte ich eine **Bootsfahrt** über den Llyn Glaslyn und bewunderte die atemberaubende Landschaft entlang der Strecke. Und an einem denkwürdigen Abend saß ich draußen unter dem **Nachthimmel** und beobachtete, wie Sternschnuppen über den dunklen Abgrund über mir zogen. Aber ganz gleich, welche Aktivitäten ich jeden Tag unternahm oder wie lange ich im Snowdonia National **Park** blieb, es

and I woke up early to make the most of it. I had already packed my bags and said goodbye to the friends I had made during my stay, so all that was left was to explore one last time.

I decided to take a walk through the woods near my campsite. The sun was just starting to peek through the trees as I began walking, and the forest floor was covered in a **blanket** of mist. As I walked deeper into the woods, I started hearing strange noises. It sounded like someone was following me, but every time I turned around, there was no one there. Suddenly, I heard a loud crash behind me and I turned around to see a massive **grizzly bear** standing right in front of me! I was paralyzed with fear as I stared into the bear's eyes. It seemed like time stood still as we just looked at each other. Then, without warning, the bear charged towards me! I turned and ran as fast as I could, but there was no way I could outrun a grizzly bear. Just when it seemed like the bear was about to catch up to me, I tripped on a root and fell to the ground. The next thing I knew, the bear was gone and I was lying in a heap on the **forest floor**.

gab immer etwas, das mich an diese erste magische Nacht vor langer Zeit zurückzog: zwischen den hoch aufragenden **Bergen** zu stehen und den majestätischen Blick auf die mit Schnee bedeckten Täler zu genießen. Es war mein letzter Tag im Snowdonia-Nationalpark, und ich wachte früh auf, um das Beste aus ihm zu machen. Ich hatte bereits meine Koffer gepackt und mich von den Freunden, die ich während meines Aufenthalts kennen gelernt hatte, verabschiedet, so dass ich nur noch ein letztes Mal die Gegend erkunden wollte.

Ich beschloss, einen Spaziergang durch die Wälder in der Nähe meines Campingplatzes zu machen. Die Sonne begann gerade, durch die Bäume zu scheinen, als ich meinen Spaziergang begann, und der Waldboden war in eine **Nebeldecke** gehüllt. Als ich tiefer in den Wald hineinging, hörte ich seltsame Geräusche. Es hörte sich an, als würde mich jemand verfolgen, aber jedes Mal, wenn ich mich umdrehte, war niemand da. Plötzlich hörte ich ein lautes Krachen hinter mir, und als ich mich umdrehte, sah ich einen riesigen **Grizzlybären** direkt vor mir stehen! Ich war wie gelähmt vor Angst, als ich in die Augen des Bären starrte. Es schien, als stünde die Zeit still, als wir uns einfach nur ansahen. Dann, ohne Vorwarnung, stürmte der Bär auf mich zu! Ich drehte mich um und rannte so schnell ich konnte, aber es gab keine Möglichkeit, einem Grizzlybären zu entkommen. Gerade als es so aussah, als würde der Bär mich einholen, stolperte ich über eine Wurzel und fiel zu Boden. Im nächsten Moment war der Bär verschwunden und ich lag in einem Haufen auf dem **Waldboden**.

# Comprehension Questions

1. What does the author dream about?

2. What does the author think about the dream?

3. What does the author do when they wake up?

4. What does the author think when they see Snowdonia National Park?

5. What does the author do each day during their visit?

6. What is the author's favorite part of Snowdonia National Park?

7. What does the author do on their last day in Snowdonia National Park?

8. What does the author hear while walking in the woods?

9. What does the author see when they turn around?

10. What happens when the author falls to the ground?

# Fragen zum Verständnis

1. Wovon träumt der Autor?

2. Was denkt der Autor über diesen Traum?

3. Was macht der Autor, wenn er aufwacht?

4. Was denkt der Autor, als er den Snowdonia National Park sieht?

5. Was macht der Autor jeden Tag während seines Besuchs?

6. Welcher Teil des Snowdonia National Park gefällt dem Autor am besten?

7. Was macht die Autorin an ihrem letzten Tag im Snowdonia National Park?

8. Was hört die Autorin, während sie im Wald spazieren geht?

9. Was sieht die Autorin, als sie sich umdreht?

10. Was passiert, wenn der Autor auf den Boden fällt?

# Dartmoor

The moor was a dark and foreboding place. Even the animals seemed to sense the **danger** that lurked within their shadows. But there was one creature that was not afraid of the moor, or anything else for that matter. That creature was a **small**, black cat named Dartmoor. Dartmoor had been born on the moor and had never known any other life. He roamed freely, going where he pleased and doing as he liked. He knew every nook and cranny of the moor, and there wasn't a thing that could scare him. One night, as Dartmoor was prowling around his favorite part of the moor, he heard a strange **noise**.

It sounded like someone was crying. He followed the sound until he came to a clearing where he saw a **woman** sitting on the ground with her head in her hands. She looked up when she heard him approach, and darting forward, she scooped him into her arms. The woman was crying uncontrollably now, and Dartmoor could feel her **shaking**. He didn't know what to do, so he just sat there and let her cry. After a few minutes, she began to calm down, and she looked at him with gratitude. "Thank you for being here," she said. "My name is Sarah." Sarah told Dartmoor that she had been out hiking when she got lost. She had been walking for hours, trying to find her way back, but she couldn't seem to find the right path. She was **exhausted** and scared, and when she saw Dartmoor, she felt like he was a sign from God that everything

# Dartmoor

Das Moor war ein dunkler und bedrohlicher Ort. Selbst die Tiere schienen die **Gefahr** zu spüren, die in ihren Schatten lauerte. Aber es gab ein Wesen, das sich weder vor dem Moor noch vor irgendetwas anderem fürchtete. Diese Kreatur war eine **kleine** schwarze Katze namens Dartmoor. Dartmoor war im Moor geboren worden und hatte nie ein anderes Leben gekannt. Er streifte frei umher, ging, wohin er wollte, und tat, was er wollte. Er kannte jeden Winkel des Moors, und es gab nichts, wovor er sich fürchten konnte. Eines Nachts, als Dartmoor sich in seinem Lieblingsbereich des Moors herumtrieb, hörte er ein seltsames **Geräusch**.

Es hörte sich an, als würde jemand weinen. Er folgte dem Geräusch, bis er zu einer Lichtung kam, wo er eine **Frau** sah, die auf dem Boden saß und den Kopf in die Hände gestützt hatte. Sie blickte auf, als sie ihn näherkommen hörte, und stürzte nach vorn, um ihn in die Arme zu schließen. Die Frau weinte jetzt unkontrolliert, und Dartmoor konnte **spüren**, wie sie zitterte. Er wusste nicht, was er tun sollte, also saß er einfach da und ließ sie weinen. Nach einigen Minuten begann sie sich zu beruhigen und sah ihn dankbar an. "Danke, dass du hier bist", sagte sie. "Mein Name ist Sarah." Sarah erzählte Dartmoor, dass sie auf einer Wanderung gewesen war, als sie sich verlaufen hatte. Sie war stundenlang gelaufen und hatte versucht, den

would be alright. Dartmoor stayed with Sarah all night, keeping her warm and comforting her until morning came.

When the **sun** rose over the moor, Sarah felt better. She was still tired but no longer scared. Looking at Dartmoor sleeping peacefully next to her made her feel safe somehow. Slowly getting up, she dusted off her clothes before looking around. She saw the **path** then and realised where she had gone wrong last night. It all looked so different in the daylight. But one thing was for sure, she would never **forget** what this little cat had done for her & how he'd shown her that even in the darkest of places, there can be light. Sarah made her way back to the path and began the hike back to her car. She was **tired**, but she felt lighter, as if a weight had been lifted off of her shoulders. Every now and then she would look back, half expecting to see Dartmoor following her, but he was **nowhere** to be seen. She reached her car a few hours later and drove home, feeling grateful for the experience and for the little cat who had saved her.

Weg zurückzufinden, aber sie schien den richtigen Pfad nicht zu finden. Sie war **erschöpft** und verängstigt, und als sie Dartmoor sah, hatte sie das Gefühl, er sei ein Zeichen Gottes, dass alles gut werden würde. Dartmoor blieb die ganze Nacht bei Sarah, hielt sie warm und tröstete sie, bis der Morgen anbrach.

Als die **Sonne** über dem Moor aufging, fühlte sich Sarah besser. Sie war immer noch müde, aber nicht mehr verängstigt. Der Anblick von Dartmoor, der friedlich neben ihr schlief, gab ihr ein Gefühl der Sicherheit. Langsam stand sie auf und wischte sich den Staub von ihren Kleidern, bevor sie sich umsah. Dann sah sie den Pfad und erkannte, **was** sie letzte Nacht falsch gemacht hatte. Bei Tageslicht sah alles ganz anders aus. Aber eines war sicher, sie würde nie **vergessen**, was dieser kleine Kater für sie getan hatte und wie er ihr gezeigt hatte, dass es selbst an den dunkelsten Orten Licht geben konnte. Sarah machte sich auf den Weg zurück zum Pfad und begann die Wanderung zurück zu ihrem Auto. Sie war **müde**, aber sie fühlte sich leichter, als wäre ihr eine Last von den Schultern genommen worden. Ab und zu blickte sie zurück, in der halben Erwartung, Dartmoor zu sehen, der ihr folgte, aber er war **nirgends** zu sehen. Einige Stunden später erreichte sie ihr Auto und fuhr nach Hause. Sie war dankbar für diese Erfahrung und für die kleine Katze, die sie gerettet hatte.

# Comprehension Questions

1. What was the name of the cat?

2. Where was the cat born?

3. What noise did the cat hear?

4. Who was the woman?

5. Why was the woman crying?

6. What did Sarah say to the cat?

7. How did Sarah feel when she woke up?

8. Where was Sarah going?

9. What did Sarah think of Dartmoor?

10. What do you think happened to Dartmoor after Sarah left?

# Fragen zum Verständnis

1. Wie war der Name der Katze?

2. Wo wurde die Katze geboren?

3. Welches Geräusch hat die Katze gehört?

4. Wer war die Frau?

5. Warum hat die Frau geweint?

6. Was hat Sarah zu der Katze gesagt?

7. Wie hat sich Sarah gefühlt, als sie aufgewacht ist?

8. Wohin wollte Sarah gehen?

9. Was dachte Sarah über Dartmoor?

10. Was glaubst du, was mit Dartmoor passiert ist, nachdem Sarah gegangen ist?

# Norfolk broads

The Norfolk Broads are a **beautiful** place. They are full of life and color. The **sky** is so blue and the water is so clear. It's like a piece of heaven on earth. I remember the first time I went there. I was just a young girl, but I fell in love with it **instantly**. There's something about the **peace** and tranquility of the place that just makes you feel at ease. It's like nothing else matters when you're there. Since then, I've been back many times, and each time it feels like coming home. Even though I live far away from the Broads now, they will always have a special place in my heart.

I was heading to the Broads for my annual visit. I always go at the same time each **year**, and it's like a little piece of heaven on earth. The journey there is always so peaceful and calming, and I can't help but feel happy as I approach my destination. As soon as I arrive, I head straight to the **water**. There's something about being on the boat that makes me feel so free and alive. It's like all my worries just disappeared into thin air. I spend every day exploring different parts of the Broads, and each time it feels like a new **adventure**. Even though it's been years since my first visit, the place still feels just as **magical** to me. " It's been a tough year, and I really needed to get away from it all. So, I decided to head to the Broads for some much-needed rest and relaxation. As soon as I arrived, I could feel my stress melting away. The peace and tranquility of the place is like nothing else. I spent my days

# Norfolk-Breiten

Die Norfolk Broads sind ein **wunderschöner** Ort. Sie sind voll von Leben und Farbe. Der **Himmel** ist so blau und das Wasser ist so klar. Es ist wie ein Stück Himmel auf Erden. Ich weiß noch, wie ich das erste Mal dort war. Ich war noch ein junges Mädchen, aber ich habe mich **sofort** in den Ort verliebt. Der **Frieden** und die Ruhe an diesem Ort haben etwas, das einen einfach entspannt. Es ist, als ob nichts anderes wichtig wäre, wenn man dort ist. Seitdem bin ich viele Male zurückgekehrt, und jedes Mal fühlt es sich an, als käme ich nach Hause. Auch wenn ich jetzt weit weg von den Broads lebe, werden sie immer einen besonderen Platz in meinem Herzen haben.

Ich war auf dem Weg zu den Broads zu meinem jährlichen Besuch. Ich fahre jedes **Jahr** zur gleichen Zeit hin, und es ist wie ein kleines Stück Himmel auf Erden. Die Fahrt dorthin ist immer so friedlich und beruhigend, und ich kann nicht anders, als mich zu freuen, wenn ich mich meinem Ziel nähere. Sobald ich ankomme, begebe ich mich direkt ans **Wasser**. Wenn ich auf dem Boot bin, fühle ich mich so frei und lebendig. Es ist, als hätten sich alle meine Sorgen in Luft aufgelöst. Ich verbringe jeden Tag damit, andere Teile der Broads zu erkunden, und jedes Mal fühlt es sich wie ein neues **Abenteuer** an. Obwohl mein erster Besuch schon Jahre her ist, hat dieser Ort für mich immer noch etwas **Magisches**. "Es war ein hartes Jahr, und ich brauchte wirklich eine Auszeit von all dem.

exploring different parts of the Broads, and each day was more **relaxing** than the last. I even got to go on a few boat rides, which were absolutely amazing. There's something about being out on the water that just makes you feel so alive.

I'm so grateful to have found the Broads. It's like a little piece of **heaven** on earth that I can always escape to when life gets too tough. Whenever I'm there, I feel like all my worries just disappear and I can just relax and **enjoy** myself. It's become my happy place, and I look forward to my annual visits more than anything else. Each time I go, it feels like coming home. The Broads will always have a **special** place in my heart. It's a place where I can go to escape the hustle and bustle of everyday life and just relax and enjoy myself. It's like a little piece of heaven on earth that I can always come back to.

Also beschloss ich, zu den Broads zu fahren, um dort die dringend benötigte Ruhe und **Entspannung** zu finden. Kaum angekommen, spürte ich, wie mein Stress dahinschmolz. Die Ruhe und der Frieden an diesem Ort sind mit nichts anderem zu vergleichen. Ich verbrachte meine Tage damit, verschiedene Teile der Broads zu erkunden, und jeder Tag war entspannender als der letzte. Ich durfte sogar ein paar Bootsfahrten machen, die absolut fantastisch waren. Es hat etwas, auf dem Wasser zu sein, das einen so lebendig fühlen lässt.

Ich bin so dankbar, dass ich die Broads gefunden habe. Sie sind wie ein kleines Stück **Himmel** auf Erden, in das ich mich immer zurückziehen kann, wenn das Leben zu hart wird. Immer wenn ich dort bin, habe ich das Gefühl, dass alle meine Sorgen verschwinden und ich mich einfach entspannen und **genießen** kann. Es ist mein Glücksort geworden, und ich freue mich auf meine jährlichen Besuche mehr als alles andere. Jedes Mal, wenn ich dorthin fahre, ist es, als käme ich nach Hause. Die Broads werden immer einen **besonderen** Platz in meinem Herzen haben. Es ist ein Ort, an dem ich der Hektik des Alltags entfliehen und einfach nur entspannen und genießen kann. Es ist wie ein kleines Stück Himmel auf Erden, in das ich immer wieder zurückkehren kann.

# Comprehension Questions

1. What is the author's opinion of the Norfolk Broads?

2. What does the author remember about her first visit to the Norfolk Broads?

3. How does the author feel when she is on a boat in the Broads?

4. Why does the author keep going back to the Broads?

5. What does the author think of the Broads compared to other places?

6. What is the author's favorite thing to do in the Broads?

7. What does the author think of the journey to the Broads?

8. How does the author feel when she arrives in the Broads?

9. What does the author think of the peace and tranquility of the Broads?

10. What is the author's opinion of her annual visits to the Broads?

# Fragen zum Verständnis

1. Was ist die Meinung des Autors über die Norfolk Broads?

2. Woran erinnert sich die Autorin bei ihrem ersten Besuch in den Norfolk Broads?

3. Wie fühlt sich die Autorin, wenn sie auf einem Boot in den Broads ist?

4. Warum kehrt die Autorin immer wieder zu den Broads zurück?

5. Was denkt die Autorin über die Broads im Vergleich zu anderen Orten?

6. Was ist die Lieblingsbeschäftigung des Autors in den Broads?

7. Was denkt der Autor über die Reise zu den Broads?

8. Wie fühlt sich die Autorin, als sie in den Broads ankommt?

9. Was hält die Autorin von der Ruhe und dem Frieden in den Broads?

10. Was hält die Autorin von ihren jährlichen Besuchen in den Broads?

# The new forest

The New Forest is a **beautiful** place. It's full of trees and wildlife, and it's a great place to relax and enjoy nature. However, there is something else that makes the New Forest special. There are rumours that the **forest** is home to a creature known as the Beast of Brayton. The Beast is said to be a large, ferocious animal that roams the forest at night, preying on anything that crosses its path. Some say it's a **bear**, others say it's a wolf or even a dragon. No one knows for sure what the Beast looks like because no one has ever seen it and lived to tell the tale.

One summer evening, two young boys were playing in the forest when they heard something **moving** in the bushes nearby. They froze in fear as whatever was making the noise began to approach them. The boys were petrified as the creature stepped out from the **shadows**. It was a massive, furry beast with glowing red eyes. The Beast let out a loud roar that echoed through the forest. The boys ran for their lives, but the Beast was faster and soon caught up to them. One of the boys tripped and fell to the ground. The Beast pounced on him and began to devour him alive. The other boy managed to escape and ran all

# Der neue Wald

Der New Forest ist ein **wunderschöner** Ort. Er ist voll von Bäumen und Wildtieren und ein großartiger Ort, um sich zu entspannen und die Natur zu genießen. Aber es gibt noch etwas, das den New Forest besonders macht. Es gibt Gerüchte, dass der **Wald** die Heimat einer Kreatur ist, die als die Bestie von Brayton bekannt ist. Die Bestie soll ein großes, wildes Tier sein, das nachts durch den Wald streift und alles angreift, was seinen Weg kreuzt. Manche sagen, es sei ein **Bär**, andere, es sei ein Wolf oder sogar ein Drache. Niemand weiß mit Sicherheit, wie die Bestie aussieht, denn niemand hat sie je gesehen und überlebt, um davon zu berichten.

Eines Sommerabends spielten zwei Jungen im Wald, als sie hörten, wie sich etwas in den Büschen in der Nähe **bewegte**. Sie erstarrten vor Angst, als das Wesen, das die Geräusche machte, sich ihnen näherte. Die Jungen waren wie versteinert, als die Kreatur aus dem **Schatten** trat. Es war eine riesige, pelzige Bestie mit glühend roten Augen. Die Bestie stieß ein lautes Brüllen aus, das im Wald widerhallte. Die Jungen rannten um ihr Leben, aber die Bestie war schneller und holte sie bald ein. Einer der Jungen stolperte und fiel zu Boden. Die Bestie stürzte sich auf ihn und begann ihn bei lebendigem Leib zu verschlingen. Dem anderen Jungen gelang es zu entkommen und er rannte den ganzen Weg nach Hause, wo er seinen **Eltern** erzählte, was passiert war. Sie gingen zurück, um seinen Freund zu suchen, aber es gab keine Spur von ihm oder der

the way home, where he told his **parents** what had happened. They went back to look for his friend, but there was no trace of him or the Beast. It's been several years since that fateful night in the New Forest, but people still talk about what happened. Some say they've seen the Beast roaming around at night, while others claim it doesn't exist at all.

Regardless of what people believe, one thing is certain: if you go into the New Forest after dark, be prepared for anything. The boy who survived the **attack** has grown up now and rarely goes into the forest anymore. He still has nightmares about that night, and he can't shake the feeling that the Beast is still out there, waiting to prey on unsuspecting victims. One summer evening, he decides to venture into the New Forest again. He's not sure what draws him back, but he feels like he needs to face his **fears**. As he walks through the woods, he hears a branch snap behind him. He turns around and sees the Beast **standing** before him. It hasn't changed at all in the years since they last met. The boy knows this is his chance to finally end things between them once and for all.

Bestie. Diese schicksalhafte Nacht im New Forest ist nun schon einige Jahre her, aber die Leute reden immer noch über das, was passiert ist. Einige behaupten, sie hätten die Bestie nachts umherstreifen sehen, während andere behaupten, sie existiere überhaupt nicht.

Unabhängig davon, was die Menschen glauben, eines ist sicher: Wer sich nach Einbruch der Dunkelheit in den New Forest begibt, sollte auf alles gefasst sein. Der Junge, der den **Angriff** überlebt hat, ist inzwischen erwachsen und geht nur noch selten in den Wald. Er hat immer noch Albträume von dieser Nacht und wird das Gefühl nicht los, dass die Bestie immer noch da draußen ist und darauf wartet, ahnungslose Opfer zu erbeuten. Eines Sommerabends beschließt er, sich wieder in den New Forest zu wagen. Er ist sich nicht sicher, was ihn zurückzieht, aber er hat das Gefühl, dass er sich seinen **Ängsten** stellen muss. Als er durch den Wald geht, hört er hinter sich einen Ast knacken. Er dreht sich um und sieht die Bestie vor sich **stehen**. Es hat sich in den Jahren seit ihrer letzten Begegnung überhaupt nicht verändert. Der Junge weiß, dass dies seine Chance ist, die Sache zwischen ihnen ein für alle Mal zu beenden.

# Comprehension Questions

1. What is the New Forest?

2. What makes the New Forest special?

3. What are the rumours about the Beast of Brayton?

4. What did the boys see when they were playing in the forest?

5. What happened to one of the boys?

6. What did the other boy do?

7. What have people been saying about the Beast since the attack?

8. What does the boy who survived the attack think about the Beast?

9. What happens when the boy who survived the attack goes back into the forest?

# Fragen zum Verständnis

1. Was ist der New Forest?

2. Was ist das Besondere am New Forest?

3. Was sind die Gerüchte über die Bestie von Brayton?

4. Was haben die Jungen gesehen, als sie im Wald spielten?

5. Was geschah mit einem der Jungen?

6. Was hat der andere Junge getan?

7. Was haben die Leute seit dem Angriff über die Bestie gesagt?

8. Was denkt der Junge, der den Angriff überlebt hat, über die Bestie?

9. Was passiert, wenn der Junge, der den Angriff überlebt hat, zurück in den Wald geht?

# Stonehenge

The sun was setting on a cool **autumn** evening, and the last light of day shone upon the ancient stones of Stonehenge. For centuries, people have gazed upon this **mysterious** structure, wondering about its purpose and how it came to be. Some say that it is a temple built by Druids; others believe that it is a burial ground for fallen warriors. No one knows for sure. But on this night, as the shadows **lengthened** and the stars began to appear in the sky, something strange happened at Stonehenge. A soft glow appeared around the base of one of the largest stones, and then spread outward until the entire structure was illuminated with a gentle light. A sound like music began to fill the air, although there were no **instruments** to be seen anywhere near Stonehenge. The music seemed to come from within the stone itself, as if it were somehow alive. As those **gathered** around watched in wonderment, they saw figures emerging from within some of the stones—men and women dressed in long robes with hoods pulled up over their heads so that their faces could not be seen clearly.

**Slowly**, they made their way towards an altarstone, in front of which stood a man wearing a crown adorned with symbols that glittered in the moonlight. He raised his arms towards heaven and spoke words that no one could understand. Then he knelt down before the altarstone and bowed his head. More figures emerged from other stones as he did so, including deer, badgers,

# Stonehenge

Die Sonne ging an einem kühlen **Herbstabend** unter, und das letzte Licht des Tages schien auf die alten Steine von Stonehenge. Seit Jahrhunderten betrachten die Menschen dieses **geheimnisvolle** Bauwerk und fragen sich, welchen Zweck es erfüllt und wie es entstanden ist. Manche sagen, es sei ein von Druiden erbauter Tempel, andere glauben, es sei eine Begräbnisstätte für gefallene Krieger. Niemand weiß es mit Sicherheit. Doch in dieser Nacht, als die Schatten **länger** wurden und die Sterne am Himmel zu erscheinen begannen, geschah etwas Seltsames in Stonehenge. Ein sanftes Glühen erschien um die Basis eines der größten Steine und breitete sich dann nach außen aus, bis das gesamte Bauwerk von einem sanften Licht erhellt wurde. Ein musikähnlicher Klang erfüllte die Luft, obwohl nirgendwo in der Nähe von Stonehenge **Instrumente** zu sehen waren. Die Musik schien aus dem Stein selbst zu kommen, als ob er irgendwie lebendig wäre. Als die **Versammelten** staunend zusahen, sahen sie, wie aus dem Inneren einiger Steine Gestalten hervortraten - Männer und Frauen in langen Gewändern mit Kapuzen, die sie sich über den Kopf gezogen hatten, so dass ihre Gesichter nicht klar zu erkennen waren.

**Langsam** bewegten sie sich auf einen Altarstein zu, vor dem ein Mann stand, der eine Krone mit Symbolen trug, die im Mondlicht glitzerten. Er hob die Arme zum Himmel und sprach Worte, die niemand verstehen konnte. Dann kniete er vor dem Altarstein nieder und senkte sein Haupt. Während er dies tat, tauchten aus anderen Steinen weitere Gestalten auf, darunter Rehe,

foxes, hares, and other creatures **large** and small. They too went to kneel before the altar stone. For several minutes, nothing happened. Then suddenly, flames appeared atop the **stone**, leaping into the air and casting an eerie light over everything. In front of these flickering flames stood a woman clad in white robes trimmed with gold. She held a lantern in her hand from which poured forth a golden light that filled all of Stronghenge with **warmth** and radiance. After awhile, she's polite: "Welcome my children, both human and animal alike." This sacred place has been chosen as our meeting point because it stands at the midpoint between **earth** and sky.

It is here that we can commune with each other regardless of distance or time. As the woman spoke, those gathered around her began to feel a sense of peace and calm settle over them. It was as if they were being enveloped in a warm **embrace**. The animals seemed to understand her words as well, and they all sat down quietly, listening intently. "For too long," she continued, "humans have thought of themselves as superior to other creatures. But we are all equal in the eyes of the Creator. We are all part of **nature**, and we must learn to respect and care for each other if we want to create a world that is harmonious and peaceful."

Dachse, Füchse, Hasen und andere **große** und kleine Kreaturen. Auch sie gingen vor dem Altarstein auf die Knie. Mehrere Minuten lang geschah nichts. Dann tauchten plötzlich Flammen auf dem **Stein** auf, die in die Luft sprangen und alles in ein unheimliches Licht tauchten. Vor diesen flackernden Flammen stand eine Frau in einem weißen, mit Gold verzierten Gewand. Sie hielt eine Laterne in der Hand, aus der ein goldenes Licht strömte, das ganz Stronghenge mit **Wärme** und Glanz erfüllte. Nach einer Weile sagte sie höflich: "Willkommen, meine Kinder, sowohl Menschen als auch Tiere." Dieser heilige Ort wurde als unser Treffpunkt ausgewählt, weil er in der Mitte zwischen **Erde** und Himmel liegt.

Hier können wir unabhängig von Entfernung und Zeit miteinander kommunizieren. Während die Frau sprach, spürten die um sie Versammelten, wie sich ein Gefühl von Frieden und Ruhe über sie legte. Es war, als würden sie von einer warmen **Umarmung** umhüllt werden. Auch die Tiere schienen ihre Worte zu verstehen, und sie setzten sich alle still hin und hörten aufmerksam zu. "Viel zu lange", fuhr sie fort, "haben die Menschen gedacht, sie seien den anderen Geschöpfen überlegen. Aber in den Augen des Schöpfers sind wir alle gleich. Wir sind alle Teil der **Natur**, und wir müssen lernen, einander zu respektieren und füreinander zu sorgen, wenn wir eine Welt schaffen wollen, die harmonisch und friedlich ist."

# Comprehension Questions

1. What is the purpose of Stonehenge?

2. Who built Stonehenge?

3. What do people believe Stonehenge is?

4. What happened at Stonehenge on the night described in the text?

5. What did the figures that emerged from the stones do?

6. Who was the woman in white robes?

7. What did the woman in white robes say?

8. How did the people present feel after the woman spoke?

9. What did the animals do during the woman's speech?

10. Why was Stonehenge chosen as the meeting point?

# Fragen zum Verständnis

1. Was ist der Zweck von Stonehenge?

2. Wer hat Stonehenge gebaut?

3. Was glauben die Menschen, was Stonehenge ist?

4. Was geschah in Stonehenge in der Nacht, die im Text beschrieben wird?

5. Was taten die Figuren, die aus den Steinen hervorgingen?

6. Wer war die Frau im weißen Gewand?

7. Was hat die Frau im weißen Gewand gesagt?

8. Wie fühlten sich die Anwesenden, nachdem die Frau gesprochen hatte?

9. Was taten die Tiere während der Rede der Frau?

10. Warum wurde Stonehenge als Versammlungsort gewählt?

# The old inn

The old inn was a popular stop for **weary** travelers. It was said that the food was delicious and the beds were comfortable. The innkeeper, Mrs. Saunders, was a kind woman who always had a smile for her guests. One cold winter night, a group of travelers arrived at the old inn seeking shelter from the **storm**. They were welcomed by Mrs. Saunders and given warm blankets and hot soup to chase away the chill. As they sat around the **fire**, sharing stories and laughter, they felt right at home. It wasn't long before they all retired to their rooms for the night. But as one traveler tried to open his door, he found it wouldn't budge. He called out to Mrs. Saunders, but there was no answer; she must have already gone to bed herself. He shook the door **handle** again, but still it wouldn't move. Just then, he heard footsteps in the hallway and someone fumbling with **keys**.

Mrs. Saunders came hurrying over, apologizing profusely. She explained that she had accidentally locked him in! After assuring him that it happened more often than she cared to admit, she finally got the door open. The traveler went into his room with a feeling of relief; he would definitely be getting a good night's **sleep** tonight! The next morning, the travelers woke to

# Das alte Gasthaus

Das alte Gasthaus war eine beliebte Raststätte für **müde** Reisende. Es hieß, das Essen sei köstlich und die Betten seien bequem. Die Gastwirtin, Mrs. Saunders, war eine freundliche Frau, die immer ein Lächeln für ihre Gäste hatte. In einer kalten Winternacht kam eine Gruppe von Reisenden in dem alten Gasthaus an und suchte Schutz vor einem **Sturm**. Sie wurden von Mrs. Saunders empfangen und erhielten warme Decken und heiße Suppe, um die Kälte zu vertreiben. Als sie um das **Feuer** saßen, Geschichten erzählten und lachten, fühlten sie sich sofort wie zu Hause. Es dauerte nicht lange, bis sie sich alle für die Nacht in ihre Zimmer zurückzogen. Doch als einer der Reisenden versuchte, seine Tür zu öffnen, stellte er fest, dass sie sich nicht rührte. Er rief nach Mrs. Saunders, aber sie antwortete nicht; sie war wohl schon zu Bett gegangen. Er rüttelte erneut an der Türklinke, aber sie **rührte** sich immer noch nicht. In diesem Moment hörte er Schritte im Flur und jemanden, der an den **Schlüsseln** herumhantierte.

Mrs. Saunders kam herbeigeeilt und entschuldigte sich ausgiebig. Sie erklärte, dass sie ihn versehentlich eingeschlossen hatte! Nachdem sie ihm versichert hatte, dass dies öfter vorkomme, als sie zugeben wolle, bekam sie schließlich die Tür auf. Der Reisende ging mit einem Gefühl der Erleichterung in sein Zimmer; er würde heute Nacht auf jeden Fall gut **schlafen** können! Am nächsten Morgen wurden die Reisenden von dem

the smell of breakfast cooking. They went downstairs to find Mrs. Saunders busy in the kitchen. She apologized for not being able to join them for breakfast but said she would be **happy** to serve them. The table was piled high with pancakes, bacon, eggs, and toast. Everyone dug in with gusto, enjoying the delicious food. As they were finishing up their meal, there was a knock at the door.

Mrs. Saunders went to **answer** it and came back into the dining room, followed by a handsome young man. She introduced him as her son, Luke. He had come to help her with some chores around the inn. After Luke had gone out back to start **chopping** wood, Mrs. Saunders confided in her guests that she was getting too old to run the inn by herself and was glad her son had agreed to help her out. Later that day, as they were preparing to leave, the travelers thanked Mrs. Saunders for her **hospitality**. They promised to spread word of the old inn far and wide so that others could enjoy its comfort and warmth.

Geruch des Frühstücks geweckt. Als sie die Treppe hinuntergingen, fanden sie Mrs. Saunders in der Küche beschäftigt. Sie entschuldigte sich dafür, dass sie nicht mit ihnen frühstücken konnte, sagte aber, dass sie ihnen **gerne** etwas servieren würde. Der Tisch war mit Pfannkuchen, Speck, Eiern und Toast gedeckt. Alle stürzten sich auf das köstliche Essen und genossen es. Als sie gerade mit dem Essen fertig waren, klopfte es an der Tür.

Mrs. Saunders ging hin, um zu **öffnen**, und kam zurück ins Esszimmer, gefolgt von einem gut aussehenden jungen Mann. Sie stellte ihn als ihren Sohn, Luke, vor. Er war gekommen, um ihr bei einigen Arbeiten im Gasthaus zu helfen. Nachdem Luke nach draußen gegangen war, um Holz zu **hacken**, vertraute Mrs. Saunders ihren Gästen an, dass sie zu alt sei, um den Gasthof allein zu führen, und dass sie froh sei, dass ihr Sohn sich bereit erklärt habe, ihr zu helfen. Später am Tag, als sie sich auf die Abreise vorbereiteten, dankten die Reisenden Mrs. Saunders für ihre **Gastfreundschaft**. Sie versprachen, das alte Gasthaus weithin bekannt zu machen, damit auch andere in den Genuss seiner Gemütlichkeit und Wärme kommen konnten.

# Comprehension Questions

1. What did the old inn provide for weary travelers?

2. Who was the innkeeper of the old inn?

3. What did the group of travelers do when they arrived at the old inn on the cold winter night?

4. What did the traveler find when he tried to open his door to go to bed?

5. Who came to the old inn the next morning?

6. What did Mrs. Saunders confide in her guests?

7. What did the group of travelers do before they left the old inn?

8. How did Mrs. Saunders feel when she found the old key hidden under the mattress in the room?

9. What did Luke tell Mrs. Saunders the key was for?

10. Why was Mrs. Saunders content at the end of the story?

# Fragen zum Verständnis

1. Was bot das alte Gasthaus den müden Reisenden?

2. Wer war der Gastwirt des alten Gasthauses?

3. Was tat die Gruppe der Reisenden, als sie in der kalten Winternacht in der alten Herberge ankam?

4. Was fand der Reisende vor, als er versuchte, seine Tür zu öffnen, um ins Bett zu gehen?

5. Wer kam am nächsten Morgen in das alte Gasthaus?

6. Was hat Mrs. Saunders ihren Gästen anvertraut?

7. Was tat die Gruppe von Reisenden, bevor sie das alte Gasthaus verließ?

8. Wie fühlte sich Mrs. Saunders, als sie den alten Schlüssel unter der Matratze im Zimmer fand?

9. Was sagte Luke zu Mrs. Saunders, wofür der Schlüssel war?

10. Warum war Mrs. Saunders am Ende der Geschichte zufrieden?

# Witches cottage

The cottage was small and unassuming, tucked away in the woods at the edge of town. It was said that a witch lived there, and children were warned to stay away. But one day, a curious little girl named Sarah decided to **venture** into the woods to see the witch's cottage for herself. Sarah knocked on the door, and an old woman answered. She had a kind face, but her eyes were piercing. "Can I help you?" she asked Sarah. "I just wanted to see your **cottage**," replied Sarah shyly. "They say you're a witch." The woman chuckled softly. "That's what they say about me, yes." She stepped aside and gestured for Sarah to come inside. The cottage was dark and musty, but not at all what Sarah had expected. There were no bubbling cauldrons or magical creatures lurking in the **shadows**. Instead, it just looked like a **normal** house.

The witch offered Sarah a seat by the fire and began to tell her stories of her life. She told of growing up in the woods, learning **magic** from her mother, and eventually becoming a witch herself. Sarah listened eagerly to the witch's stories, entranced by her words. She didn't want to leave when it started to get late, but she knew she had to go home before her parents started worrying about her. "Thank you for letting me visit your cottage," she said as she stood up to leave."It was very kind of you." As Sarah walked back through the woods towards **town**, she couldn't help but feel excited about what she had just experienced. She knew that she would

# Das Hexenhäuschen

Die Hütte war klein und unscheinbar, versteckt im Wald am Rande der Stadt. Es hieß, dass dort eine Hexe lebte, und die Kinder wurden gewarnt, sich fernzuhalten. Doch eines Tages beschloss ein neugieriges kleines Mädchen namens Sarah, sich in den Wald zu wagen, um das **Hexenhäuschen** mit eigenen Augen zu sehen. Sarah klopfte an die Tür, und eine alte Frau antwortete. Sie hatte ein freundliches Gesicht, aber ihre Augen waren stechend. "Kann ich Ihnen helfen?", fragte sie Sarah. "Ich wollte nur Ihr Häuschen sehen", antwortete Sarah schüchtern. "Man sagt, Sie seien eine Hexe." Die Frau gluckste leise. "Das sagt man über mich, ja." Sie trat zur Seite und bedeutete Sarah, hereinzukommen. Die **Hütte** war dunkel und muffig, aber ganz und gar nicht so, wie Sarah es erwartet hatte. Es gab keine blubbernden Kessel oder magische Kreaturen, die in den **Schatten** lauerten. Stattdessen sah es aus wie ein ganz **normales** Haus.

Die Hexe bot Sarah einen Platz am Feuer an und begann, ihr Geschichten aus ihrem Leben zu erzählen. Sie erzählte, wie sie in den Wäldern aufwuchs, von ihrer Mutter die **Magie** erlernte und schließlich selbst eine Hexe wurde. Sarah hörte den Geschichten der Hexe gespannt zu und war von ihren Worten gefesselt. Sie wollte nicht gehen, als es schon spät wurde, aber sie wusste, dass sie nach Hause musste, bevor sich ihre Eltern Sorgen um sie machten. "Danke, dass ich deine

never forget the time spent with the kindly old witch in her cottage **deep** in the woods. Sarah continued to visit the witch regularly, and she soon became like a grandmother to her. She would sit by the fire and listen to stories of magic and adventure, feeling happy and safe in the warmth of the cottage. As Sarah grew older, she started to help the witch with her work. She would gather **herbs** from the woods and help brew potions. It was always fun for her, even though she knew it wasn't really "real" magic. One day, when Sarah was helping the witch prepare for a **festival** in town, she asked if she could go along.

The witch hesitated at first, but then agreed. The festival was lively and colorful, with people milling about in costumes and masks. Sarah felt a little out of place in her plain clothes, but no one seemed to mind. As they walked through the crowd, the witch suddenly stopped and **grabbed** Sarah's arm. "What is it?" Sarah asked, following her gaze. She saw a man in a black cloak walking towards them, his face hidden by a hood.

Hütte besuchen durfte", sagte sie, als sie aufstand, um zu gehen, "das war sehr nett von dir." Als Sarah durch den Wald zurück in Richtung **Stadt** ging, konnte sie nicht anders, als sich über das, was sie gerade erlebt hatte, zu freuen. Sie wusste, dass sie die Zeit, die sie mit der freundlichen alten Hexe in ihrer Hütte **tief** im Wald verbracht hatte, nie vergessen würde. Sarah besuchte die Hexe weiterhin regelmäßig, und sie wurde bald wie eine Großmutter für sie. Sie saß am Feuer und hörte sich Geschichten über Magie und Abenteuer an und fühlte sich in der Wärme der Hütte glücklich und geborgen. Als Sarah älter wurde, begann sie, der Hexe bei ihrer Arbeit zu helfen. Sie sammelte **Kräuter** in den Wäldern und half beim Brauen von Zaubertränken. Das machte ihr immer Spaß, auch wenn sie wusste, dass es keine "echte" Magie war. Eines Tages, als Sarah der Hexe bei den Vorbereitungen für ein **Fest** in der Stadt half, fragte sie, ob sie mitkommen dürfe.

Die Hexe zögerte zunächst, stimmte dann aber zu. Das Fest war lebhaft und farbenfroh, und die Leute liefen in Kostümen und mit Masken herum. Sarah fühlte sich in ihren einfachen Kleidern ein wenig fehl am Platz, aber das schien niemanden zu stören. Als sie durch die Menge gingen, blieb die Hexe plötzlich stehen und **ergriff** Sarahs Arm. "Was ist los?" fragte Sarah und folgte ihrem Blick. Sie sah einen Mann in einem schwarzen Mantel auf sie zukommen, dessen Gesicht von einer Kapuze verdeckt war.

# Comprehension Questions

1. What does Sarah do when she first hears about the witch?

2. What does the witch's cottage look like on the inside?

3. What does Sarah do as she gets older?

4. What happens at the festival?

5. Who is the man in the black cloak?

6. What does the witch say about him?

7. Where does Sarah live?

8. How does Sarah feel about the witch?

9. How does the witch feel about Sarah?

10. What does Sarah do when she first hears about the witch?

# Fragen zum Verständnis

1. Was tut Sarah, als sie zum ersten Mal von der Hexe erfährt?

2. Wie sieht das Hexenhäuschen von innen aus?

3. Was macht Sarah, wenn sie älter wird?

4. Was geschieht auf dem Fest?

5. Wer ist der Mann mit dem schwarzen Mantel?

6. Was sagt die Hexe über ihn?

7. Wo wohnt Sarah?

8. Wie denkt Sarah über die Hexe?

9. Was empfindet die Hexe für Sarah?

10. Was tut Sarah, als sie das erste Mal von der Hexe erfährt?

# The hidden village

The hidden **village** was a secret place, known only to a few. It was a place of magic and mystery, where the impossible seemed possible. No one knew how the **village** had come to be, but it was said that it had been created by a powerful wizard. The wizard had used his magic to create an invisible barrier around the village, making it impossible for anyone to find them unless they were invited. The villagers were a **friendly** bunch, always willing to help those in need. They were also very protective of their home and would do anything to keep outsiders from discovering their **secret**. One day, a young woman named Sarah stumbled upon the hidden village by accident. She had been out for a walk in the woods when she suddenly found herself in front of an invisible barrier.

She was about to turn back when she heard someone calling her name. It was a voice she recognized instantly as belonging to her childhood friend, John. He had disappeared years ago and was presumed dead. But there he was, alive and well and living in the hidden village! Sarah quickly learned that the villagers were very welcoming and soon made many friends among them. She also discovered that they **possessed** magical powers, which they used to

# Das versteckte Dorf

Das versteckte **Dorf** war ein geheimer Ort, den nur wenige kannten. Es war ein Ort voller Magie und Geheimnisse, an dem das Unmögliche möglich schien. Niemand wusste, wie das **Dorf** entstanden war, aber es hieß, dass es von einem mächtigen Zauberer erschaffen worden war. Der Zauberer hatte mit seiner Magie eine unsichtbare Barriere um das Dorf errichtet, so dass es für niemanden möglich war, es zu finden, es sei denn, er wurde eingeladen. Die Dorfbewohner waren ein **freundlicher** Haufen, immer bereit, denen zu helfen, die in Not waren. Sie waren aber auch sehr beschützerisch und würden alles tun, um zu verhindern, dass Außenstehende ihr **Geheimnis** entdecken. Eines Tages stolperte eine junge Frau namens Sarah zufällig über das versteckte Dorf. Sie war im Wald spazieren gegangen, als sie sich plötzlich vor einer unsichtbaren Barriere wiederfand.

Sie wollte sich gerade umdrehen, als sie hörte, wie jemand ihren Namen rief. Es war eine Stimme, die sie sofort als die ihres Jugendfreundes John erkannte. Er war vor Jahren verschwunden und man hatte ihn für tot gehalten. Aber da war er, lebendig und wohlauf und lebte in dem versteckten Dorf! Sarah lernte schnell, dass die Dorfbewohner sehr gastfreundlich waren und fand bald viele Freunde unter ihnen. Sie entdeckte auch, dass sie magische Kräfte **besaßen**, die sie nutzten, um denen zu helfen, die in Not waren. Je mehr Zeit sie in dem Dorf verbrachte, desto überzeugter war

help those in need. The more time she spent in the village, the more convinced she became that this was where she belonged. And so, with John's help, Sarah decided to stay permanently in the **hidden** village and become one of its protectors. As the years passed, Sarah became a powerful witch herself. She used her magic to help the villagers and keep outsiders from discovering their secret. She also took John on as her apprentice, teaching him everything she knew about magic. Together, they kept the hidden village safe and **protected** from harm. And they lived happily ever after!

One day, Sarah was out walking in the woods near the hidden village when she heard a strange noise. It sounded like someone was crying. She followed the sound until she came to a clearing and saw a young girl sitting on the ground, sobbing her heart out. Sarah approached her cautiously and asked what was wrong. The girl, who introduced herself as Lily, explained that she had been playing with her friends in the forest when they suddenly **disappeared**. She didn't know how to find them and was scared that something bad had happened to them. Sarah assured Lily that she would help her find her friends. Together, they walked back to the hidden village, where Sarah used her magic to locate Lily's friends.

sie, dass sie hierher gehörte. Und so beschloss Sarah mit Johns Hilfe, dauerhaft in dem **versteckten** Dorf zu bleiben und eine seiner Beschützerinnen zu werden. Im Laufe der Jahre wurde Sarah selbst zu einer mächtigen Hexe. Sie setzte ihre Magie ein, um den Dorfbewohnern zu helfen und Außenstehende davon abzuhalten, ihr Geheimnis zu entdecken. Sie nahm auch John als ihren Lehrling auf und lehrte ihn alles, was sie über Magie wusste. Gemeinsam sorgten sie dafür, dass das verborgene Dorf sicher und vor Unheil **geschützt** war. Und sie lebten glücklich bis ans Ende ihrer Tage!

Eines Tages ging Sarah in der Nähe des versteckten Dorfes im Wald spazieren, als sie ein seltsames Geräusch hörte. Es hörte sich an, als ob jemand weinen würde. Sie folgte dem Geräusch, bis sie zu einer Lichtung kam und ein junges Mädchen sah, das auf dem Boden saß und sich die Seele aus dem Leib schluchzte. Sarah näherte sich ihr vorsichtig und fragte, was los sei. Das Mädchen, das sich als Lily vorstellte, erklärte, dass sie mit ihren Freunden im Wald gespielt hatte, als diese plötzlich **verschwunden** waren. Sie wusste nicht, wie sie sie finden sollte und hatte Angst, dass ihnen etwas Schlimmes zugestoßen war. Sarah versicherte Lily, dass sie ihr helfen würde, ihre Freunde zu finden. Gemeinsam gingen sie zurück zum versteckten Dorf, wo Sarah ihre Magie einsetzte, um Lilys Freunde zu finden.

# Comprehension Questions

1. What was the hidden village?

2. How did Sarah find the hidden village?

3. What did Sarah do when she found Lily in the woods?

4. What was the problem Lily was having?

5. How did Sarah help Lily?

6. What did Sarah do after she helped Lily?

7. What was the village said to be created by?

8. How did the wizard make the village hidden?

9. What did Sarah become to the village?

10. Who did Sarah teach magic to?

# Fragen zum Verständnis

1. Was war das versteckte Dorf?

2. Wie hat Sarah das versteckte Dorf gefunden?

3. Was hat Sarah getan, als sie Lily im Wald fand?

4. Was war das Problem, das Lily hatte?

5. Wie hat Sarah Lily geholfen?

6. Was hat Sarah getan, nachdem sie Lily geholfen hat?

7. Wodurch wurde das Dorf angeblich erschaffen?

8. Wie hat der Zauberer das Dorf versteckt?

9. Was wurde aus Sarah in dem Dorf?

10. Wem hat Sarah die Magie beigebracht?

# The lonely Lighthouse

The lonely lighthouse stood on the edge of the **cliff**, overlooking the sea. It had been there for many years, and it was said that it was haunted by the ghost of a sailor who had died in a shipwreck. Some people said that they had seen his ghost walking around inside the lighthouse, and others said that they had heard strange noises coming from inside it. But no one knew for sure if there really was a **ghost** or not. One night, a storm blew up and waves crashed against the rocks below the lighthouse. The wind howled through its **windows** and doors, and everyone who lived nearby thought that surely this would be the night when the old lighthouse would finally collapse into pieces and be swept away by the sea. But somehow, miraculously, the lighthouse survived intact. And when **morning** came, those who looked out to see it standing tall and proud as ever could have sworn that they saw a figure in nautical clothing waving to them from one of its windows.

The lonely lighthouse had been standing on the edge of the cliff for many years, and it was said to be haunted by the ghost of a sailor who had died in a shipwreck. Some people claimed to have seen his ghost walking around inside the lighthouse, while others said they had heard strange noises coming from within its walls. But no one knew for sure if there really was a ghost or not. One night, during a **fierce** storm, waves crashed

# Der einsame Leuchtturm

Der einsame Leuchtturm stand am Rande einer **Klippe** und überblickte das Meer. Er stand dort schon seit vielen Jahren, und es hieß, dass er vom Geist eines Seemanns heimgesucht wurde, der bei einem Schiffsunglück ums Leben gekommen war. Einige Leute sagten, sie hätten seinen Geist im Inneren des Leuchtturms herumlaufen sehen, und andere meinten, sie hätten seltsame Geräusche aus dem Inneren gehört. Aber niemand wusste mit Sicherheit, ob es wirklich einen **Geist** gab oder nicht. Eines Nachts brach ein Sturm los, und die Wellen schlugen gegen die Felsen unter dem Leuchtturm. Der Wind heulte durch die **Fenster** und Türen, und jeder, der in der Nähe wohnte, dachte, dass dies wohl die Nacht sein würde, in der der alte Leuchtturm endlich in sich zusammenfallen und vom Meer weggespült werden würde. Aber wie durch ein Wunder blieb der Leuchtturm unversehrt. Und als der **Morgen** anbrach, hätten diejenigen, die hinaussahen, um ihn groß und stolz wie eh und je stehen zu sehen, schwören können, dass sie eine Gestalt in maritimer Kleidung sahen, die ihnen aus einem seiner Fenster zuwinkte.

Der einsame Leuchtturm stand schon seit vielen Jahren am Rande der Klippe, und es hieß, er werde vom Geist eines Seemanns heimgesucht, der bei einem Schiffsunglück ums Leben gekommen war. Einige Leute behaupteten, seinen Geist im Inneren des Leuchtturms umhergehen gesehen zu haben, während andere sagten, sie hätten seltsame Geräusche aus dem Inneren des Turms gehört. Aber niemand wusste mit Sicherheit, ob

against the rocks below the lighthouse, and **wind** howled through its windows and doors. Everyone who lived nearby thought that surely this would be the night when the old lighthouse would finally collapse into pieces and be swept away by the sea. But miraculously, the lighthouse survived intact.

And when morning came, those who looked out to see it standing tall and proud as ever could have sworn they saw a figure in nautical **clothing** waving to them from one window. The lonely lighthouse had been standing on the edge of the cliff for many years, and it was said to be haunted by the ghost of a sailor who had died in a shipwreck. Some people claimed to have seen his ghost walking around **inside** the lighthouse, while others said they had heard strange noises coming from within its walls. But no one knew for sure if there really was a ghost or not. One night, during a fierce storm, waves crashed against rocks below the lighthouse and wind howled through its windows and doors. Everyone who lived nearby thought that surely this would be the night when the old lighthouse would finally collapse into pieces and be swept away by the **sea**. But miraculously, the lighthouse survived intact.

es wirklich einen Geist gab oder nicht. Eines Nachts, während eines **heftigen** Sturms, schlugen die Wellen gegen die Felsen unterhalb des Leuchtturms, und der **Wind** heulte durch die Fenster und Türen. Jeder, der in der Nähe wohnte, dachte, dass dies die Nacht sein würde, in der der alte Leuchtturm endgültig in sich zusammenbrechen und vom Meer weggespült werden würde. Doch wie durch ein Wunder überlebte der Leuchtturm unversehrt.

Und als der Morgen anbrach, sahen diejenigen, die nach draußen blickten, ihn groß und stolz wie eh und je dastehen und hätten schwören können, dass sie eine Gestalt in maritimer **Kleidung** sahen, die ihnen aus einem Fenster zuwinkte. Der einsame Leuchtturm stand schon seit vielen Jahren am Rande der Klippe, und es hieß, er werde vom Geist eines Seemanns heimgesucht, der bei einem Schiffsunglück ums Leben gekommen war. Einige Leute behaupteten, seinen Geist im **Inneren** des Leuchtturms umhergehen gesehen zu haben, während andere sagten, sie hätten seltsame Geräusche aus dem Inneren des Turms gehört. Aber niemand wusste mit Sicherheit, ob es wirklich einen Geist gab oder nicht. Eines Nachts, während eines heftigen Sturms, schlugen die Wellen gegen die Felsen unterhalb des Leuchtturms und der Wind heulte durch die Fenster und Türen. Jeder, der in der Nähe wohnte, dachte, dass dies sicher die Nacht sein würde, in der der alte Leuchtturm endgültig in sich zusammenfallen und vom **Meer** weggespült werden würde. Doch wie durch ein Wunder überlebte der Leuchtturm unversehrt.

# Comprehension Questions

1. What was the lighthouse said to be haunted by?

2. How long had the lighthouse been standing on the edge of the cliff?

3. What did people say they had seen and heard coming from the lighthouse?

4. One night during a storm, what did everyone who lived nearby think would happen to the lighthouse?

5. Why were they surprised to see the lighthouse standing tall and proud the next morning?

6. What do you think the figure in nautical clothing was doing in the window of the lighthouse?

7. Do you think the lighthouse is really haunted? Why or why not?

8. What do you think the figure in the window was trying to tell the people who saw it?

9. What do you think would happen if you spent a night in the lighthouse?

10. Do you think the lighthouse has a story to tell? If so, what do you think it is?

# Fragen zum Verständnis

1. Wodurch wurde der Leuchtturm angeblich heimgesucht?

2. Wie lange stand der Leuchtturm schon am Rande der Klippe?

3. Was haben die Leute angeblich vom Leuchtturm aus gesehen und gehört?

4. Was glaubten die Anwohner eines Nachts während eines Sturms, was mit dem Leuchtturm passieren würde?

5. Warum waren sie überrascht, als sie den Leuchtturm am nächsten Morgen groß und stolz stehen sahen?

6. Was glaubst du, was die Figur in Seemannskleidung im Fenster des Leuchtturms gemacht hat?

7. Glaubst du, dass es im Leuchtturm wirklich spukt? Warum oder warum nicht?

8. Was, glaubst du, wollte die Figur im Fenster den Leuten sagen, die sie gesehen haben?

9. Was denkst du, würde passieren, wenn du eine Nacht im Leuchtturm verbringen würdest?

10. Glaubst du, der Leuchtturm hat eine Geschichte zu erzählen? Wenn ja, wie lautet sie deiner Meinung nach?

# At the beach

After sunrise, the waves are louder and the sand above the tide is white. I walk down to the beach, **admiring** the sea and the sun. My toes feel the grooves of shells. The sand is cold on my toes. I smile and keep going. The tide is high, so I have to be careful not to get pulled in. I walk along the water's edge, admiring the sea. The sunrise is **beautiful**, and the waves are crashing. I feel so peaceful. I come to a spot where there is a rock outcropping. I sit down and watch the waves. The water is so blue and the sky is so **orange**. I feel like I'm in a dream. I close my eyes and just listen to the waves. I sat there for a long time, until I heard someone calling my name.

I open my eyes and see my mom walking towards me. She has a worried look on her face. I smile and wave, and she **relaxes**. "I was wondering where you went," she says. "I'm glad you're enjoying the beach." I reply, "I am." "It's so beautiful here." "I know," she says. "I used to come here all the time when I was your age." "Really?" I ask. "Yeah," she replies. "It's a special place.""Did you ever meet anyone special here?" I ask. "I did," she replies with a smile. "Your father." "Really?" I say, **surprised**. "Yes," she says. "We used to come here all the time together. It's where we fell in love. " I smile, **imagining** my parents falling in love on this beautiful beach. "It's a special place," she repeats. "I'm glad you came here today."

We sit there for a while longer, **watching** the waves and

# Am Strand

Nach Sonnenaufgang sind die Wellen lauter und der Sand über der Flut ist weiß. Ich gehe hinunter zum Strand, **bewundere** das Meer und die Sonne. Meine Zehen spüren die Rillen der Muscheln. Der Sand ist kalt an meinen Zehen. Ich lächle und gehe weiter. Die Flut ist hoch, also muss ich aufpassen, dass ich nicht hineingezogen werde. Ich laufe am Ufer entlang und bewundere das Meer. Der Sonnenaufgang ist **wunderschön**, und die Wellen plätschern. Ich fühle mich so friedlich. Ich komme zu einer Stelle, an der ein Felsvorsprung steht. Ich setze mich hin und beobachte die Wellen. Das Wasser ist so blau und der Himmel ist so **orange**. Ich fühle mich wie in einem Traum. Ich schließe die Augen und lausche einfach nur den Wellen. Ich saß lange Zeit so da, bis ich hörte, wie jemand meinen Namen rief.

Ich öffne meine Augen und sehe meine Mutter auf mich zukommen. Sie hat einen besorgten Blick auf ihrem Gesicht. Ich lächle und winke, und sie **entspannt** sich. "Ich habe mich schon gefragt, wo du bist", sagt sie. "Ich freue mich, dass du den Strand genießt." Ich antworte: "Das tue ich." "Es ist so schön hier." "Ich weiß", sagt sie. "Als ich in deinem Alter war, bin ich ständig hierhergekommen." "Wirklich?" frage ich. "Ja", antwortet sie. "Es ist ein besonderer Ort.""Hast du hier jemals jemand Besonderen getroffen?" frage ich. "Ja", antwortet sie mit einem Lächeln. "Deinen Vater." "Wirklich?" sage ich **erstaunt**. "Ja", sagt sie. "Wir waren

the sunset. Then we get up and walk back to our beach towels. I lie down and look at the stars. I feel so happy and content. The waves are louder now, and the sand is cold. The sun is setting and a cool breeze is blowing. The waves are crashing against the shore, and the smell of salt is in the air. It is a perfect evening to be at the beach.

I am walking along the shore, **listening** to the sound of the waves and watching the sunset. I see a group of people sitting on the sand, laughing and joking around. They look like they are having a great time. I walk over to them and ask if I can join them. They say yes, and we spend the rest of the evening talking, laughing, and watching the **sunset**. It is a perfect evening. The group and I talk until the sun sets. We share stories and jokes, and we all have a great time. As the night starts to fall, we all start to feel tired. We kiss each other **goodbye** and part ways. I walk back to my hotel, feeling happy and content. I can't believe how lovely it is here. I'm so lucky to have **experienced** it.

früher immer zusammen hier. Hier haben wir uns verliebt. "Ich lächle und **stelle** mir meine Eltern vor, wie sie sich an diesem schönen Strand verlieben. "Es ist ein besonderer Ort", wiederholt sie. "Ich bin froh, dass du heute hierher gekommen bist."

Wir sitzen noch eine Weile da und **schauen** den Wellen und dem Sonnenuntergang zu. Dann stehen wir auf und gehen zurück zu unseren Strandtüchern. Ich lege mich hin und schaue mir die Sterne an. Ich fühle mich so glücklich und zufrieden. Die Wellen sind jetzt lauter, und der Sand ist kalt. Die Sonne geht unter und eine kühle Brise weht. Die Wellen schlagen gegen das Ufer, und der Geruch von Salz liegt in der Luft. Es ist ein perfekter Abend, um am Strand zu sein.

Ich spaziere am Ufer entlang, **lausche** dem Rauschen der Wellen und beobachte den Sonnenuntergang. Ich sehe eine Gruppe von Leuten, die lachend und scherzend im Sand sitzen. Sie sehen aus, als hätten sie eine tolle Zeit. Ich gehe zu ihnen hin und frage, ob ich mich zu ihnen setzen darf. Sie sagen ja, und wir verbringen den Rest des Abends damit, uns zu unterhalten, zu lachen und den **Sonnenuntergang** zu beobachten. Es ist ein perfekter Abend. Die Gruppe und ich unterhalten uns, bis die Sonne untergeht. Wir tauschen Geschichten und Witze aus und haben alle eine tolle Zeit. Als die Nacht hereinbricht, werden wir alle langsam müde. Wir küssen uns zum **Abschied** und trennen uns. Ich gehe glücklich und zufrieden zurück in mein Hotel. Ich kann nicht glauben, wie schön es hier ist. Ich bin so glücklich, dass ich das **erleben** durfte.

# Comprehension Questions

1. Where does the narrator go after she wakes up?

2. What is the narrator admiring as she walks along the beach?

3. What does the narrator have to watch out for as she walks along the beach?

4. Where does the narrator sit down to enjoy the view?

5. How long does the narrator sit there?

6. Whom does the narrator see when she opens her eyes again?

7. What does the narrator's mother say?

8. What do the narrator and the people she meets talk about?

# Fragen zum Verständnis

1. Wohin geht die Erzählerin, nachdem sie aufgewacht ist?

2. Was bewundert die Erzählerin, während sie am Strand entlanggeht?

3. Worauf muss die Erzählerin aufpassen, wenn sie am Strand entlanggeht?

4. Wo setzt sich die Erzählerin hin, um die Aussicht zu genießen?

5. Wie lange sitzt die Erzählerin dort?

6. Wen sieht die Erzählerin, als sie ihre Augen wieder öffnet?

7. Was sagt die Mutter der Erzählerin?

8. Worüber sprechen die Erzählerin und die Menschen, die sie trifft?

# Camping at the Lake

I walk towards the lake, **admiring** the peacefulness of the scene. The sun is beating down on the small lake, making the water look like a sheet of glass. The only movement is the occasional ripple from a fish **breaking** the surface. Even the birds seem to be taking a break from the heat, with only the sound of cicadas filling the air. **Suddenly**, the peace is broken by a loud splash. A large **fish** has jumped out of the water, trying to catch a dragonfly. The fish misses its target and falls back into the water with a splash. "Wow," I think to myself, "that was a big fish!." I looked around to see if anyone else saw it, but there was no one around. I guess I'll have to tell them when I get back to camp.

The heat is **oppressive**, making it hard to breathe. The air is thick and heavy, like a blanket wrapped around you. The only relief is in the water. It is cool and refreshing, like a cold drink on a hot day. I take a deep breath and dive into the water. The relief is immediate as the cool water surrounds me. I swim down to the bottom and then back up to the surface, feeling the water cool my body. I continue **swimming** laps, enjoying the respite from the heat. After a while, I get out of the water and lie down on the grass, letting the sun dry my body. I close my eyes and drift off to sleep, the sound of the **cicadas** lulling me into a deep slumber. I let the sun bake the water out of my skin. I can feel my skin getting red, but I don't care. I am too hot to care.The next thing I know, the sun is setting.

# Camping am See

Ich gehe auf den See zu und **bewundere** die Ruhe, die hier herrscht. Die Sonne brennt auf den kleinen See und lässt das Wasser wie eine Glasscheibe aussehen. Die einzige Bewegung ist das gelegentliche Plätschern eines Fisches, der die Oberfläche **durchbricht**. Selbst die Vögel scheinen sich von der Hitze zu erholen, denn nur das Zirpen der Zikaden erfüllt die Luft. **Plötzlich** wird die Ruhe durch ein lautes Plätschern unterbrochen. Ein großer Fisch ist aus dem Wasser gesprungen und versucht, eine Libelle zu fangen. Der **Fisch** verfehlt sein Ziel und fällt mit einem Platschen zurück ins Wasser. "Wow", denke ich mir, "das war ein großer Fisch!". Ich schaue mich um, um zu sehen, ob ihn noch jemand gesehen hat, aber es ist niemand da. Ich werde es ihnen wohl erzählen müssen, wenn ich zum Camp zurückkehre.

Die Hitze ist **drückend** und macht das Atmen schwer. Die Luft ist dick und schwer, wie eine Decke, die einen einhüllt. Die einzige Erleichterung bietet das Wasser. Es ist kühl und erfrischend, wie ein kaltes Getränk an einem heißen Tag. Ich atme tief ein und tauche ins Wasser ein. Die Erleichterung tritt sofort ein, als mich das kühle Wasser umgibt. Ich **schwimme** auf den Grund und dann wieder an die Oberfläche und spüre, wie das Wasser meinen Körper kühlt. Ich schwimme weiter meine Runden und genieße die Abkühlung von der Hitze. Nach einer Weile steige ich aus dem Wasser und lege mich ins Gras, damit die Sonne meinen Körper

The sky is a beautiful orange, with streaks of pink and purple. The heat is gone, replaced by a cool **breeze**.

I get up and put my clothes back on, feeling refreshed and rejuvenated. I take a deep **breath** of the cool air and smile. It feels good to be alive. I walk back to the campsite, admiring the way the colors dance in the sky. I can see the campfire burning in the distance, and I can smell the smoke in the air. I smile and **quicken** my pace. I am ready to relax and enjoy the rest of my evening. I walk into the campsite and see that everyone is gathered around the fire. They are **laughing** and joking, and I can see the fire reflecting in their eyes. I smile and sit down next to my friends. It is good to be back. The next morning, I wake up early and start to pack up my things. I am eager to get back on the trail and continue my journey. I say goodbye to my friends and start to walk away. As I walk, I take one last look at the **campsite**. I can see the fire still burning in the distance, and I can smell the smoke in the air. I smile and quicken my pace. I'm ready to continue my **journey**.

trocknen kann. Ich schließe die Augen und schlafe ein. Das Zirpen der **Zikaden** wiegt mich in einen tiefen Schlaf. Ich lasse die Sonne das Wasser aus meiner Haut brennen. Ich spüre, wie meine Haut rot wird, aber es ist mir egal. Mir ist zu heiß, als dass es mir etwas ausmachen würde, und im nächsten Moment geht die Sonne unter. Der Himmel färbt sich orange mit rosa und violetten Reflexen. Die Hitze ist **verschwunden** und wird durch eine kühle Brise ersetzt.

Ich stehe auf und ziehe meine Kleidung wieder an, ich fühle mich erfrischt und verjüngt. Ich **atme** tief die kühle Luft ein und lächle. Es ist ein gutes Gefühl, am Leben zu sein. Ich laufe zurück zum Campingplatz und bewundere, wie die Farben am Himmel tanzen. In der Ferne sehe ich das Lagerfeuer brennen und kann den Rauch in der Luft riechen. Ich lächle und **beschleunige** mein Tempo. Ich bin bereit, mich zu entspannen und den Rest des Abends zu genießen. Ich betrete den Lagerplatz und sehe, dass alle um das Feuer versammelt sind. Sie **lachen** und scherzen, und ich kann sehen, wie sich das Feuer in ihren Augen spiegelt. Ich lächle und setze mich neben meine Freunde. Es ist schön, wieder hier zu sein. Am nächsten Morgen wache ich früh auf und beginne, meine Sachen zu packen. Ich kann es kaum erwarten, mich wieder auf den Weg zu machen und meine Reise fortzusetzen. Ich verabschiede mich von meinen Freunden und mache mich auf den Weg. Während ich gehe, werfe ich einen letzten Blick auf den **Lagerplatz**. Ich sehe das Feuer in der Ferne noch brennen und rieche den Rauch in der Luft. Ich lächle und beschleunige mein Tempo. Ich bin bereit, meine **Reise** fortzusetzen.

# Comprehension Questions

1. Where is the walker going?

2. What kind of weather is it?

3. What does the water look like?

4. How does the walker react to the heat?

5. What is the fish doing?

6. Why is the walker alone?

7. How does the water feel?

8. How does the walker feel after swimming?

9. What time of day is it when the walker wakes up?

10. Where does the walker go when he leaves the camp?

# Fragen zum Verständnis

1. Wohin geht der Wanderer?

2. Was für ein Wetter ist es?

3. Wie sieht das Wasser aus?

4. Wie reagiert der Wanderer auf die Hitze?

5. Was macht der Fisch?

6. Warum ist der Wanderer allein?

7. Wie fühlt sich das Wasser an?

8. Wie fühlt sich der Wanderer nach dem Schwimmen?

9. Zu welcher Tageszeit wacht der Wanderer auf?

10. Wohin geht der Wanderer, wenn er das Lager verlässt?

# The house

I moved into my new house last week, and I am so **excited**! It is so much bigger than my old one, and it has a big backyard. I can't wait to have friends over for BBQs and parties. My **favourite** part is my new bedroom. It is so big and bright, and I have lots of space to put all of my things. I am really happy with my new house and I think I will be very happy here. I decided to explore the house a bit more. I went upstairs to the second floor and started making my way to the kitchen when I saw a big black spider on the wall! I screamed and ran downstairs. I was so **scared**! But after a few minutes, I calmed down and decided to go back upstairs. I slowly made my way to the kitchen and saw that the spider was gone. I was so relieved! I went back downstairs and decided to go outside to explore the **backyard**. It was so big! I couldn't believe it. I saw a swing set in the corner and a slide. I also saw a basketball net and a **trampoline**. I was so excited!

I can't wait to use all of this new stuff. The **neighbours** came over and introduced themselves. They seemed really nice, and we talked for a while. They invited me to their BBQ next weekend, and I said I would love to come. I had a great first week in my new house, and I am excited about all of the new adventures that are ahead. Today, I am going to go exploring in the backyard again and see what else I can find. Who knows, maybe I'll even find some **treasure**. I can't wait to see what the next week brings! The next week,

# Das Haus

Letzte Woche bin ich in mein neues Haus eingezogen, und ich bin so **aufgeregt**! Es ist viel größer als mein altes, und es hat einen großen Garten. Ich kann es kaum erwarten, Freunde zum Grillen und für Partys einzuladen. Mein **Lieblingsteil** ist mein neues Schlafzimmer. Es ist so groß und hell, und ich habe jede Menge Platz, um all meine Sachen unterzubringen. Ich bin wirklich glücklich mit meinem neuen Haus und denke, dass ich hier sehr glücklich sein werde. Ich beschloss, das Haus noch ein bisschen zu erkunden. Ich ging nach oben in den zweiten Stock und machte mich auf den Weg in die Küche, als ich eine große schwarze Spinne an der Wand sah! Ich schrie auf und rannte die Treppe hinunter. Ich war so **erschrocken**! Aber nach ein paar Minuten beruhigte ich mich und beschloss, wieder nach oben zu gehen. Langsam machte ich mich auf den Weg in die Küche und sah, dass die Spinne weg war. Ich war so erleichtert! Ich ging wieder nach unten und beschloss, nach draußen zu gehen, um den **Garten** zu erkunden. Sie war so groß! Ich konnte es nicht glauben. Ich sah eine Schaukel in der Ecke und eine Rutsche. Ich sah auch ein Basketballnetz und ein **Trampolin**. Ich war so aufgeregt!

Ich kann es gar nicht erwarten, all diese neuen Sachen zu benutzen. Die **Nachbarn** kamen vorbei und stellten sich vor. Sie schienen sehr nett zu sein, und wir unterhielten uns eine Weile. Sie luden mich zu ihrem

I went exploring in the backyard again, and I found a **secret** garden. It was so beautiful! There were flowers everywhere and a little pond with fish in it. I also saw a swing set that I hadn't seen before. I was so excited to find this secret garden, and I can't wait to explore it more. It was so **beautiful**!

There were flowers everywhere and a little pond with fish in it. I also saw a **swing** set that I hadn't seen before. I was so excited to find this secret garden, and I can't wait to explore it more. I also loved my new room. It was so big and bright, and there were already posters of my favourite bands on the walls. I didn't even have to bring any of my own **furniture** because there was already a bed, dresser, and desk here. This is going to be the best year ever! I was a little nervous about starting at a new **school**, but all of my new neighbours have been so friendly. I even met a girl who lives next door, and she says that she'll walk to school with me on my first day.

Grillfest am nächsten Wochenende ein, und ich sagte, dass ich gerne kommen würde. Ich hatte eine tolle erste Woche in meinem neuen Haus und freue mich auf all die neuen Abenteuer, die vor mir liegen. Heute werde ich wieder im Garten auf Entdeckungstour gehen und sehen, was ich noch alles finden kann. Wer weiß, vielleicht finde ich ja sogar einen **Schatz**. Ich kann es kaum erwarten, zu sehen, was die nächste Woche bringt! In der nächsten Woche bin ich wieder im Garten auf Entdeckungsreise gegangen und habe einen **geheimen** Garten gefunden. Er war so schön! Überall waren Blumen und ein kleiner Teich mit Fischen drin. Ich habe auch eine Schaukel gesehen, die ich vorher noch nie gesehen hatte. Ich war so aufgeregt, diesen geheimen Garten zu finden, und ich kann es kaum erwarten, ihn weiter zu erkunden. Er war so **schön**!

Überall gab es Blumen und einen kleinen Teich mit Fischen darin. Ich habe auch eine **Schaukel** gesehen, die ich vorher noch nie gesehen hatte. Ich war so aufgeregt, diesen geheimen Garten zu finden, und ich kann es kaum erwarten, ihn weiter zu erkunden. Mein neues Zimmer hat mir auch gut gefallen. Es war so groß und hell, und an den Wänden hingen bereits Poster von meinen Lieblingsbands. Ich musste nicht einmal meine eigenen **Möbel** mitbringen, denn es gab bereits ein Bett, eine Kommode und einen Schreibtisch. Das wird das beste Jahr aller Zeiten! Ich war ein bisschen nervös, weil ich an einer neuen Schule anfing, aber alle meine neuen Nachbarn waren so freundlich. Ich habe sogar ein Mädchen kennen gelernt, das nebenan wohnt, und sie hat gesagt, dass sie mich an meinem ersten Tag zur **Schule** begleiten wird.

# Comprehension Questions

1. Where does the person live?

2. How does the person like it in the new house?

3. What is the person's favorite part of the new house?

4. What did the person find in the garden?

5. Who are the neighbors?

6. How did the person's first days in the new house feel?

7. What is the person's favorite part of the new room?

8. What is the person planning to do tomorrow?

9. What was the best part of the person's first week in the new house?

# Fragen zum Verständnis

1. Wo wohnt die Person?

2. Wie gefällt es der Person in der neuen Wohnung?

3. Was gefällt der Person am besten am neuen Haus?

4. Was hat die Person im Garten gefunden?

5. Wer sind die Nachbarn?

6. Wie hat sich die Person in den ersten Tagen im neuen Haus gefühlt?

7. Was gefällt der Person am besten in ihrem neuen Zimmer?

8. Was plant die Person morgen zu tun?

9. Was war das Beste an der ersten Woche der Person im neuen Haus?

# On the train

I ran to the train station, but I was too late. The train had already left without me. I felt so **angry** and **disappointed** with myself. I had been planning to take the train to visit my grandparents who live in the country, but now I would have to wait a whole hour for the next train. I decided to walk around the city for a while instead and tried to forget about my missed opportunity. As I walked, I started **daydreaming** about all of the places that **trains** can take you. Suddenly, I wasn't so upset anymore. I head back into the station and can't help but to notice the large red, white, and blue locomotive chugging its way towards me. It's not until I see the **conductor** waving at me from the window that I realise that this train is for me. I board the train and find my seat, settling in for what promises to be a long journey.

As we pull out of the station, I can't help but wonder where this train will take me. Through **fields** of green and over rivers blue, past mountains and valleys too, there's no telling where this old train will go. As night begins to fall, I drift off into a **peaceful** sleep, lulled by the **rhythmic** movement of the cars on the tracks below. When morning comes again, I open my eyes to find that we've arrived in a small town somewhere in the middle of nowhere. The sun is just peeking over the horizon as locals start milling about on Main Street; it looks like any other day here except for one thing-there's a big sign posted near City Hall that

# Im Zug

Ich rannte zum Bahnhof, aber ich war zu spät. Der Zug war bereits ohne mich abgefahren. Ich war so **wütend** und **enttäuscht** von mir selbst. Ich hatte geplant, mit dem Zug meine Großeltern zu besuchen, die auf dem Land leben, aber jetzt würde ich eine ganze Stunde auf den nächsten Zug warten müssen. Ich beschloss, stattdessen eine Weile durch die Stadt zu laufen und versuchte, die verpasste Gelegenheit zu vergessen. Beim Spazierengehen begann ich von all den Orten zu **träumen**, an die man mit dem **Zug** gelangen kann. Plötzlich war ich nicht mehr so verärgert. Ich gehe zurück in den Bahnhof und kann nicht umhin, die große rot-weiß-blaue Lokomotive zu bemerken, die auf mich zu tuckert. Erst als ich den **Schaffner** sehe, der mir aus dem Fenster zuwinkt, wird mir klar, dass dieser Zug für mich bestimmt ist. Ich steige in den Zug, suche mir einen Sitzplatz und mache mich auf eine lange Reise gefasst.

Als wir aus dem Bahnhof herausfahren, frage ich mich, wohin dieser Zug mich wohl bringen wird. Durch grüne **Felder** und über blaue Flüsse, vorbei an Bergen und Tälern - man weiß nie, wohin dieser alte Zug fahren wird. Als die Nacht hereinbricht, falle ich in einen **friedlichen** Schlaf, der von der **rhythmischen** Bewegung der Waggons auf den Gleisen unter mir eingelullt wird. Als ich am nächsten Morgen die Augen öffne, sehe ich, dass wir in einer kleinen Stadt irgendwo im Nirgendwo angekommen sind. Die Sonne lugt gerade über den Horizont, als die Einheimischen beginnen, sich auf der Hauptstraße zu bewegen. Es sieht aus wie jeder

reads "Welcome aboard!" It seems this little town has been expecting us, even though we're just an ordinary **passenger train** passing through on our way elsewhere. As we leave town behind us once more, chugging along towards who knows where next, I smile at all the friendly faces waving goodbye from those little houses nestled amongst **farmland**—it really is amazing how something so seemingly ordinary can bring so much joy simply by passing through. And then, of course, there are the **children**.

I lean out the window of my locomotive. They always make me feel so happy with their shining eyes and big grins. I waved back at them energetically before returning to my **cabin** and taking a seat. It's been a long day already, but it's not over yet; there's still another few hours until we reach our final **destination**. I pull out my book and start reading, letting the rhythmic rocking of the train lull me into a peaceful state. Every now and then I glance up at the scenery passing by outside— it never gets old no matter how many times I see it. Eventually, night starts to fall and **twinkling** lights start to appear in the distance; we're getting close now. Soon enough, we're pulling into the station and coming to a stop.

andere Tag hier, bis auf eine Ausnahme: In der Nähe
des Rathauses steht ein großes Schild mit der Aufschrift
"Willkommen an Bord! Es scheint, als hätte diese kleine
Stadt uns erwartet, obwohl wir nur ein gewöhnlicher
**Personenzug** sind, der auf dem Weg zu einem anderen
Ziel durchfährt. Als wir die Stadt wieder hinter uns lassen
und in Richtung wer weiß wohin tuckern, lächle ich über
all die freundlichen Gesichter, die uns aus den kleinen
Häusern zwischen den Feldern **zuwinken** - es ist wirklich
erstaunlich, wie etwas so scheinbar Alltägliches so viel
Freude bereiten kann, wenn man einfach durchfährt. Und
dann sind da natürlich noch die **Kinder**.

Ich lehne mich aus dem Fenster meiner Lokomotive.
Mit ihren leuchtenden Augen und ihrem breiten Grinsen
machen sie mich immer so glücklich. Ich winke ihnen
energisch zu, bevor ich in mein Abteil **zurückkehre** und
mich setze. Es war schon ein langer Tag, aber er ist
noch nicht zu Ende; es sind noch ein paar Stunden, bis
wir unser endgültiges **Ziel erreichen**. Ich ziehe mein
Buch heraus und beginne zu lesen, während mich das
rhythmische Schaukeln des Zuges in einen friedlichen
Zustand versetzt. Ab und zu werfe ich einen Blick auf
die Landschaft, die draußen vorbeizieht - es wird nie
langweilig, egal wie oft ich sie sehe. Schließlich bricht die
Nacht herein, und in der Ferne tauchen **funkelnde** Lichter
auf; wir nähern uns dem Ziel. Bald darauf fahren wir in
den Bahnhof ein und kommen zum Stehen.

# Comprehension Questions

1. Where is the train going?

2. Who is traveling on the train?

3. When does the train leave?

4. How does the protagonist get on the train?

5. Where does the train come from?

6. Where is the train going next?

7. When did the passengers arrive?

8. How does the protagonist feel when he misses the train?

9. How does the train driver react when he sees the protagonist?

# Fragen zum Verständnis

1. Wohin fährt der Zug?

2. Wer reist mit dem Zug?

3. Wann fährt der Zug ab?

4. Wie kommt der Protagonist in den Zug?

5. Woher kommt der Zug?

6. Wohin fährt der Zug als nächstes?

7. Wann sind die Fahrgäste angekommen?

8. Wie fühlt sich der Protagonist, als er den Zug verpasst?

9. Wie reagiert der Zugführer, als er den Protagonisten sieht?

# Cooking dinner

It's 5 pm now and I am walking home from work. I'm looking **forward** to having a calm evening at home with my partner. We'll cook dinner together and then just relax for the rest of the night. It feels good to know that I don't have any plans or obligations this **evening**. I arrive home and my partner is already in the kitchen, starting to prepare our dinner. It smells **amazing** in here! We chat as we cook, catching up on each other's days and sharing little stories from our work lives. The kitchen is my favourite room in our apartment. I love cooking, and I especially love cooking with my partner. We always have such a good time in here, laughing and joking around while we cook up a storm. Plus, the food is always **incredible** when we work **together**.

Tonight, we're making one of my all-time favourite recipes: **chicken** Parmesan. My partner starts by breading the chicken while I get the sauce simmering on the **stovetop**. We work together like a well-oiled machine, and before long, dinner is ready to serve. We sit down at our little kitchen table with **plates** heaped high with chicken Parmesan, pasta, and salad. We clink glasses and take our first bite—and it's **heavenly**! The chicken is crispy on the outside but juicy on the inside; the sauce is flavorful and perfect; the pasta is cooked al dente... everything tastes absolutely perfect tonight. We both know that this was one of those nights where everything just came together perfectly as we **savour** every last bite of our delicious meal. It tasted even

# Abendessen kochen

Es ist jetzt 17 Uhr und ich gehe von der Arbeit nach Hause. Ich freue mich auf **einen** ruhigen Abend zu Hause mit meinem Partner. Wir werden gemeinsam kochen und dann den Rest des Abends einfach nur entspannen. Es ist ein gutes Gefühl, zu wissen, dass ich heute **Abend** keine Pläne oder Verpflichtungen habe. Als ich zu Hause ankomme, steht mein Partner bereits in der Küche und beginnt mit der Zubereitung unseres Abendessens. Es riecht **fantastisch** hier drin! Während wir kochen, plaudern wir über den Tag des anderen und erzählen uns kleine Geschichten aus unserem Arbeitsleben. Die Küche ist mein Lieblingsraum in unserer Wohnung. Ich liebe es zu kochen, und ganz besonders liebe ich es, mit meinem Partner zu kochen. Wir haben immer so viel Spaß hier drin, lachen und scherzen, während wir kochen. Außerdem ist das Essen immer **unglaublich**, wenn wir **zusammen** arbeiten.

Heute Abend machen wir eines meiner absoluten Lieblingsrezepte: **Hähnchen** Parmesan. Mein Partner beginnt mit dem Panieren des Hähnchens, während ich die Soße auf dem **Herd zum Kochen bringe**. Wir arbeiten zusammen wie eine gut geölte Maschine, und schon bald ist das Abendessen servierfertig. Wir setzen uns an unseren kleinen Küchentisch mit **Tellern** voller Hähnchen Parmesan, Nudeln und Salat. Wir stoßen mit den Gläsern an und nehmen unseren ersten Bissen - und der ist **himmlisch**! Das Hähnchen ist

better than it smelled—which was pretty damn good! We finish our meal relatively quickly as neither of us is particularly hungry today, but we take our time enjoying a few more **glasses** of wine while chatting lightly about this and that topic. After dinner, we clean up quickly together and then move into the living room, where we spend some time **cuddling** on the couch while watching TV.

It feels so nice just being close to each other after a long day apart **working**. I feel content. Even though we didn't have an eventful evening, it was nice to just spend some time together without having to leave the house. We watched a movie and went to bed early, feeling **satisfied** with our simple night in. This has become one of our **favourite** things to do on nights when we don't want to go out—just relax at home and enjoy each other's company over a home-cooked meal. It's always nice to know that we can come back here after a long day and just be ourselves.

außen knusprig, aber innen saftig; die Soße ist würzig und perfekt; die Nudeln sind al dente gekocht... alles schmeckt heute Abend absolut perfekt. Wir wissen beide, dass dies einer dieser Abende war, an denen alles perfekt zusammenpasst, und wir **genießen** jeden einzelnen Bissen unseres köstlichen Essens. Es hat sogar noch besser geschmeckt, als es gerochen hat - und das war verdammt gut! Wir sind relativ schnell fertig mit dem Essen, da keiner von uns heute besonders hungrig ist, aber wir lassen uns Zeit und genießen noch ein paar **Gläser** Wein, während wir uns über dieses und jenes Thema unterhalten. Nach dem Essen räumen wir noch schnell zusammen auf und gehen dann ins Wohnzimmer, wo wir noch eine Weile auf der Couch **kuscheln** und fernsehen.

Es ist so schön, sich nach einem langen Tag ohne **Arbeit** einfach nur nahe zu sein. Ich fühle mich zufrieden. Auch wenn wir keinen ereignisreichen Abend hatten, war es schön, einfach etwas Zeit miteinander zu verbringen, ohne das Haus verlassen zu müssen. Wir haben uns einen Film angesehen und sind früh ins Bett gegangen, weil wir mit unserem einfachen Abend **zufrieden** waren. Das ist zu einer unserer **Lieblingsbeschäftigungen** an Abenden geworden, an denen wir nicht ausgehen wollen - einfach zu Hause entspannen und die Gesellschaft des anderen bei einem selbstgekochten Essen genießen. Es ist immer schön zu wissen, dass wir nach einem langen Tag hierher zurückkommen und einfach wir selbst sein können.

# Comprehension Questions

1. Where does the narrator come from?

2. What does the narrator do after work?

3. What does the narrator eat for dinner?

4. Why does the narrator like the kitchen?

5. What kind of dish does the couple cook?

6. How does the narrator feel at the end of the evening?

7. What is the couple's favorite thing to do?

8. What do the couple do when they get tired?

9. Where do they sleep?

10. Why does the narrator like to stay at home?

# Fragen zum Verständnis

1. Woher kommt der Erzähler?

2. Was macht der Erzähler nach der Arbeit?

3. Was isst der Erzähler zum Abendessen?

4. Warum mag die Erzählerin die Küche?

5. Was für ein Gericht kocht das Paar?

6. Wie fühlt sich der Erzähler am Ende des Abends?

7. Was ist die Lieblingsbeschäftigung des Paares?

8. Was tun die beiden, wenn sie müde werden?

9. Wo schlafen sie?

10. Warum bleibt der Erzähler gerne zu Hause?

# Walking home

It was a **peaceful** night as I walked home from work. As I walked, I couldn't help but smile at the memories. It felt good to be back in my old neighborhood. I waved to a few people I knew, and they waved back. It was good to be home. I walked past my old school and **remembered** all the good times I had with my friends. We would always walk home together and talk about our day. **Sometimes** we would stop and get ice cream or go to the park. Those were the best times. I miss those times. But now I have my own family and I'm happy with my life. I'm glad I can look back on those memories and smile. They are a part of my life that I will always cherish. Those were the best times. I miss those times. But now I have my own family and I'm happy with my life. I'm glad I can look back on those **memories** and smile. They are a part of my life that I will always cherish.

I keep walking, thinking about the good times I had with my friends. I know I'll see them again soon. I head towards my home and decide to walk through a park nearby. The sun is setting and the sky is turning a **beautiful** orange color. The park is empty, except for a few birds chirping in the trees. I take a deep **breath** and smile. As I walk through the park, I see a shooting star streak across the sky. I made a wish on that star, and kept walking. I think about my day at work and how **peaceful** it was. I smile to myself, thinking about how lucky I am to have such a great job. I walk home,

# Nach Hause gehen

Es war eine **friedliche** Nacht, als ich von der Arbeit nach Hause ging. Als ich ging, konnte ich nicht anders, als über die Erinnerungen zu lächeln. Es fühlte sich gut an, wieder in meiner alten Nachbarschaft zu sein. Ich winkte ein paar Leuten zu, die ich kannte, und sie winkten zurück. Es war schön, wieder zu Hause zu sein. Ich ging an meiner alten Schule vorbei und **erinnerte** mich an all die guten Zeiten, die ich mit meinen Freunden hatte. Wir gingen immer zusammen nach Hause und sprachen über unseren Tag. **Manchmal** hielten wir an, um ein Eis zu essen oder in den Park zu gehen. Das waren die besten Zeiten. Ich vermisse diese Zeiten. Aber jetzt habe ich meine eigene Familie und bin glücklich mit meinem Leben. Ich bin froh, dass ich auf diese Erinnerungen zurückblicken und lächeln kann. Sie sind ein Teil meines Lebens, den ich immer in Ehren halten werde. Das waren die besten Zeiten. Ich vermisse diese Zeiten. Aber jetzt habe ich meine eigene Familie und bin glücklich mit meinem Leben. Ich bin froh, dass ich auf diese **Erinnerungen** zurückblicken und lächeln kann. Sie sind ein Teil meines Lebens, den ich immer in Ehren halten werde.

Ich gehe weiter und denke an die schöne Zeit, die ich mit meinen Freunden hatte. Ich weiß, dass ich sie bald wiedersehen werde. Ich mache mich auf den Weg nach Hause und beschließe, durch einen nahe gelegenen Park zu gehen. Die Sonne geht gerade unter und der Himmel färbt sich in ein **schönes** Orange. Der Park

**feeling** the cool night air on my skin. I feel so alive and happy, just enjoying the simple act of walking home on a peaceful night.
I felt so good, I started **whistling**. I walked past a few people on the street, but they were all minding their own business.

I turned the corner onto my street and saw my neighbor's cat, Mr. Whiskers, sitting on my porch. I said hello to him and he meowed back. I **unlocked** my door and went inside. I was so happy to be home. I took off my shoes and got ready for bed. I went to bed that night feeling happy and grateful, my heart full of love. I slept soundly through the night, not worrying about anything. I woke up from a restful sleep and was **greeted** by the sun shining in through my window. I got out of bed and stretched, taking a deep breath and feeling the cool air fill my lungs. I walked to my window and looked out, hearing the birds chirping and the **squirrels** playing. I smiled and went to get dressed, feeling happy and content.

ist leer, bis auf ein paar Vögel, die in den **Bäumen** zwitschern. Ich atme tief ein und lächle. Als ich durch den Park gehe, sehe ich eine Sternschnuppe über den Himmel huschen. Ich wünsche mir etwas von dieser Sternschnuppe und laufe weiter. Ich denke an meinen Arbeitstag und daran, wie **friedlich** er war. Ich lächle vor mich hin und denke daran, wie viel Glück ich habe, einen so tollen Job zu haben. Ich gehe nach Hause und spüre die kühle Nachtluft auf meiner Haut. Ich **fühle** mich so lebendig und glücklich und genieße es einfach, in einer friedlichen Nacht nach Hause zu gehen. Ich fühle mich so gut, dass ich anfange zu **pfeifen**. Ich ging an ein paar Leuten auf der Straße vorbei, aber sie kümmerten sich alle um ihre eigenen Angelegenheiten.

Ich bog um die Ecke in meine Straße ein und sah die Katze meines Nachbarn, Mr. Whiskers, auf meiner Veranda sitzen. Ich grüßte ihn, und er miaute zurück. Ich **schloss** meine Tür auf und ging hinein. Ich war so froh, zu Hause zu sein. Ich zog meine Schuhe aus und machte mich bettfertig. Ich ging an diesem Abend mit einem Gefühl der Freude und Dankbarkeit ins Bett, mein Herz war voller Liebe. Ich schlief die ganze Nacht durch und machte mir keine Sorgen. Ich wachte aus einem erholsamen Schlaf auf und wurde von der Sonne **begrüßt**, die durch mein Fenster hereinschien. Ich stand auf und streckte mich, atmete tief ein und spürte, wie die kühle Luft meine Lungen füllte. Ich ging zu meinem Fenster und schaute hinaus, hörte die Vögel zwitschern und die **Eichhörnchen** spielen. Ich lächelte und zog mich an, weil ich mich glücklich und zufrieden fühlte.

# Comprehension Questions

1. What was the protagonist doing when the story started?

2. What did the protagonist think about when walking home?

3. What did the protagonist used to do with friends after school?

4. What does the protagonist miss about those times?

5. What does the protagonist think about their current life?

6. What does the protagonist do when they see a shooting star?

7. How does the protagonist feel when they walk home?

8. What does the protagonist do when they get home?

9. How does the protagonist feel when they wake up the next morning?

# Fragen zum Verständnis

1. Was machte der Protagonist, als die Geschichte begann?

2. Woran hat der Protagonist gedacht, als er nach Hause ging?

3. Was hat der Protagonist nach der Schule mit seinen Freunden gemacht?

4. Was vermisst der Protagonist von dieser Zeit?

5. Was denkt der Protagonist über sein jetziges Leben?

6. Was macht der Protagonist, wenn er eine Sternschnuppe sieht?

7. Wie fühlt sich der Protagonist, wenn er nach Hause geht?

8. Was tut der Protagonist, wenn er nach Hause kommt?

9. Wie fühlt sich der Protagonist, wenn er am nächsten Morgen aufwacht?

# The Castle

The family had always wanted to visit an old castle in **Germany**, and finally they took the trip. They were not **disappointed**. The castle was beautiful, and they enjoyed exploring its many rooms and corridors. The first thing that hit them was the smell. They found **mould**, dampness, and something else they couldn't quite put their finger on. The second thing was the sound. Stone walls are thick, but they don't deaden sound completely. They heard every footstep, every word spoken in a normal voice, and the occasional drip of water **somewhere** in the distance. As their eyes adjusted to the dim light, they saw massive stone walls looming all around them, tapestries hanging from them in **tattered** shreds. They were standing in a huge hall with a high ceiling supported by carved pillars. They also loved the views from the turrets, and the kids had a great time running around the grounds. The **sun** had begun to set by the time they finished exploring the castle, and they regretted that they hadn't brought a **flashlight**. They decided to make their way back to the entrance, but soon found themselves lost. They wandered around for what felt like hours, until finally they came across a door that led outside. They continued until they **reached** the end of the hall and came to an imposing set of double doors. Try as they might, the doors wouldn't budge. They rattle **ominously** but don't move an inch. It looked like whoever was here before must have gone through here and locked them from inside. Eventually, they find a way out. Relief washed over them as they stepped out into the cool

# Das Schloss

Die Familie wollte schon immer ein altes Schloss in **Deutschland** besichtigen, und schließlich machten sie die Reise. Sie wurden nicht **enttäuscht**. Das Schloss war wunderschön, und sie genossen es, die vielen Räume und Gänge zu erkunden. Das erste, was ihnen auffiel, war der Geruch. Sie fanden **Schimmel**, Feuchtigkeit und etwas anderes, das sie nicht genau zuordnen konnten. Das zweite war der Klang. Steinmauern sind zwar dick, aber sie dämpfen den Schall nicht vollständig. Sie hörten jeden Schritt, jedes Wort, das mit normaler Stimme gesprochen wurde, und das gelegentliche Tröpfeln von Wasser **irgendwo** in der Ferne. Als sich ihre Augen an das schwache Licht gewöhnt hatten, sahen sie um sich herum massive Steinwände, an denen Wandteppiche in **Fetzen** hingen. Sie befanden sich in einer riesigen Halle mit einer hohen Decke, die von geschnitzten Säulen getragen wurde. Auch die Aussicht von den Türmen gefiel ihnen, und die Kinder hatten viel Spaß beim Herumtollen auf dem Gelände. Als sie mit der Erkundung des Schlosses fertig waren, ging die **Sonne** bereits unter, und sie bedauerten, dass sie keine **Taschenlampe** mitgenommen hatten. Sie beschlossen, sich auf den Rückweg zum Eingang zu machen, aber sie hatten sich bald verlaufen. Sie irrten gefühlte Stunden umher, bis sie schließlich auf eine Tür stießen, die nach draußen führte. Sie gingen weiter, bis sie das Ende des Flurs **erreichten** und vor einer imposanten Doppeltür standen. So sehr sie sich auch bemühten, die Türen rührten sich nicht. Sie klapperten **bedrohlich**, aber sie

night air.

The sun had begun to set, and they **regretted** that they hadn't brought a flashlight. They decided to make their way back to the entrance, but soon found themselves lost. They wandered around for what felt like hours, until finally they came across a door that led **outside**. Relief washed over them as they stepped out into the cool night air. The next evening, they made sure to take a flashlight with them as they explored the rest of the castle. They walked through the **courtyard** and down to the river that ran behind the **castle** walls. As they walked around, they began to hear strange noises. It sounded like someone was following them. They quickened their pace, but the noises got louder and closer. The family ran back to the castle as fast as they could, and they were relieved to see that the figure in the **dark** cloak had not followed them.

They went back to their room and tried to forget about what had happened, but they could not shake the feeling that something was watching them from the shadows. Once they were inside, they **barricaded** the doors and windows and called the police. It was a long night, but eventually the police arrived and apprehended the figure.

bewegten sich keinen Zentimeter. Es sah so aus, als ob derjenige, der vorher hier war, hier durchgegangen sein musste und sie von innen verriegelt hatte. Schließlich fanden sie einen Weg nach draußen. Erleichterung überkam sie, als sie in die kühle Nachtluft hinaustraten.

Die Sonne war bereits untergegangen, und sie **bedauerten**, dass sie keine Taschenlampe mitgenommen hatten. Sie beschlossen, sich auf den Weg zurück zum Eingang zu machen, aber sie hatten sich bald verlaufen. Sie irrten gefühlte Stunden umher, bis sie schließlich auf eine Tür stießen, die nach **draußen** führte. Erleichterung machte sich in ihnen breit, als sie in die kühle Nachtluft hinaustraten. Am nächsten Abend nahmen sie auf jeden Fall eine Taschenlampe mit, um den Rest des Schlosses zu erkunden. Sie gingen durch den **Innenhof** und hinunter zum Fluss, der hinter den **Schlossmauern** verlief. Als sie umhergingen, hörten sie seltsame Geräusche. Es klang, als würde sie jemand verfolgen. Sie beschleunigten ihren Schritt, aber die Geräusche wurden lauter und kamen näher. Die Familie rannte so schnell sie konnte zum Schloss zurück und war erleichtert, dass die Gestalt in dem **dunklen** Mantel ihnen nicht gefolgt war.

Sie kehrten in ihr Zimmer zurück und versuchten zu vergessen, was geschehen war, aber sie wurden das Gefühl nicht los, dass etwas sie aus den Schatten beobachtete. Als sie drinnen waren, **verbarrikadierten** sie die Türen und Fenster und riefen die Polizei. Es war eine lange Nacht, aber schließlich traf die Polizei ein und nahm die Gestalt fest.

# Comprehension Questions

1. What did the family do when they got lost in the castle?

2. How did the family feel when they found out it was just a local man?

3. What did the man do that got him arrested?

4. What was the sentence for the man?

5. What noise did the family hear while they were walking?

6. Where was the figure in the dark cloak when the family saw him?

7. What did the family do when they got back to their room?

8. When did the family go explore the castle again?

# Fragen zum Verständnis

1. Was hat die Familie getan, als sie sich im Schloss verlaufen hat?

2. Wie fühlte sich die Familie, als sie herausfand, dass es nur ein Einheimischer war?

3. Was hat der Mann getan, dass man ihn verhaftet hat?

4. Wie hoch war die Strafe für den Mann?

5. Welches Geräusch hörte die Familie, als sie unterwegs war?

6. Wo war die Gestalt in dem dunklen Mantel, als die Familie sie sah?

7. Was tat die Familie, als sie in ihr Zimmer zurückkam?

8. Wann hat die Familie das Schloss wieder erkundet?

# My garden

My garden is my happy place. I go out there every day, rain or shine, and spend time tending to my plants. I have a little bit of **everything**-vegetables, fruits, flowers, herbs. I even have a few chickens that help keep the pests at bay. I start my days in the garden by gathering eggs from the chickens. Then I check on my veggies, making sure they are getting enough water and sun. I weed the beds and pick off any bugs that might be **attacking** the plants. Once **everything** is taken care of, I sit back and enjoy the peace and quiet of nature.

I have always loved spending time in my garden. There is something about being surrounded by nature and all of the **beauty** that it has to offer. I find it to be a very peaceful and calming place. I often spend time in my garden just relaxing and enjoying the scenery. I also enjoy working in my garden and growing things. I have a pretty good-sized garden, and I like to grow a variety of **different** things in it. I grow flowers, **vegetables**, and herbs. I also have a few fruit trees that produce some delicious apples, pears, and plums. In addition to growing things, I also enjoy spending time just walking around my garden, **admiring** all of the different plants and animals that call it home. I have spent many hours over the years working on making my **garden** into a place that is not only beautiful but also functional. I love to watch the birds flit around and listen to them sing. Sometimes I even bring out a book and read in the garden while surrounded by all the beauty that I've

# Mein Garten

Mein Garten ist mein Lieblingsplatz. Ich gehe jeden Tag hinaus, egal ob es regnet oder scheint, und verbringe Zeit damit, meine Pflanzen zu pflegen. Ich habe von **allem** ein bisschen - Gemüse, Obst, Blumen, Kräuter. Ich habe sogar ein paar Hühner, die mir helfen, die Schädlinge in Schach zu halten. Ich beginne meine Tage im Garten, indem ich den Hühnern Eier abhole. Dann schaue ich nach meinem Gemüse und stelle sicher, dass es genug Wasser und Sonne bekommt. Ich jäte Unkraut auf den Beeten und entferne Ungeziefer, das die Pflanzen **angreifen** könnte. Wenn **alles** erledigt ist, lehne ich mich zurück und genieße den Frieden und die Ruhe der Natur.

Ich habe schon immer gern Zeit in meinem Garten verbracht. Es hat etwas, von der Natur umgeben zu sein und all die **Schönheit** zu genießen, die sie zu bieten hat. Ich empfinde ihn als einen sehr friedlichen und beruhigenden Ort. Ich verbringe oft Zeit in meinem Garten, um mich zu entspannen und die Landschaft zu genießen. Ich arbeite auch gerne in meinem Garten und baue Dinge an. Ich habe einen ziemlich großen Garten, in dem ich gerne verschiedene Dinge **anbaue**. Ich baue Blumen, **Gemüse** und Kräuter an. Ich habe auch ein paar Obstbäume, die leckere Äpfel, Birnen und Pflaumen hervorbringen. Ich baue nicht nur Dinge an, sondern verbringe auch gerne Zeit damit, durch meinen Garten zu spazieren und all die verschiedenen Pflanzen und Tiere zu **bewundern**, die dort zu Hause

created. **Gardening** is my passion and it brings me so much joy. Every day in my garden is a good day.

One of the things that I love to do is cook, so having a well-stocked herb garden is very **important** to me. Thyme, basil, oregano, rosemary, sage, and lavender are just some of the herbs that I like to grow in my garden so that I can use them when cooking meals for myself or for **guests**. Another thing that is important to me when it comes to my garden is making sure that there is plenty of colour throughout it. To achieve this goal, I grow a wide variety of flowers, including **roses**, lilies, daisies, tulips, impatiens, marigolds, etc. In addition to adding colour with flowers, I also like to add interest by using different **textures** throughout the garden. For instance, I might plant ferns beneath towering sunflowers or hostas **alongside** spiky ornamental grasses. No matter what else might be going on in life, working in my garden always **manages** to help me feel more connected to nature and at peace with myself.

sind. Im Laufe der Jahre habe ich viele Stunden damit verbracht, meinen **Garten** zu einem Ort zu machen, der nicht nur schön, sondern auch funktional ist. Ich liebe es, den Vögeln beim Herumfliegen zuzusehen und ihnen beim Singen zuzuhören. Manchmal nehme ich sogar ein Buch mit und lese im Garten, während ich von all der Schönheit umgeben bin, die ich geschaffen habe. **Gartenarbeit** ist meine Leidenschaft und bringt mir so viel Freude. Jeder Tag in meinem Garten ist ein guter Tag.

Eine meiner Lieblingsbeschäftigungen ist das Kochen, daher ist ein gut bestückter Kräutergarten für mich sehr **wichtig**. Thymian, Basilikum, Oregano, Rosmarin, Salbei und Lavendel sind nur einige der Kräuter, die ich gerne in meinem Garten anbaue, damit ich sie beim Kochen für mich oder für **Gäste** verwenden kann. Ein weiterer wichtiger Punkt in meinem Garten ist, dass er viel Farbe hat. Um dieses Ziel zu erreichen, baue ich eine Vielzahl von Blumen an, darunter **Rosen**, Lilien, Gänseblümchen, Tulpen, Impatiens, Ringelblumen, usw. Zusätzlich zu den Blumen, die für Farbe sorgen, verwende ich auch gerne verschiedene **Texturen** im Garten, um ihn interessanter zu gestalten. So pflanze ich zum Beispiel Farne neben hoch aufragenden Sonnenblumen oder Hosta **neben** stacheligen Ziergräsern. Ganz gleich, was sonst im Leben passiert, bei der Arbeit in meinem Garten fühle ich mich immer mehr mit der Natur **verbunden** und mit mir selbst im Reinen.

# Comprehension Questions

1. Where is the author's garden?

2. How many chickens does the author have?

3. What does the author do in the garden every day?

4. Why does the author like the garden?

5. What herbs does the author plant in the garden?

6. Why is it important to the author that there are many colors in his garden?

7. How does the author bring variety to his garden?

8. How does the author feel when he works in his garden?

9. What makes the author feel connected when he is in his garden?

# Fragen zum Verständnis

1. Wo befindet sich der Garten des Autors?

2. Wie viele Hühner hat der Autor?

3. Was macht der Autor jeden Tag im Garten?

4. Warum mag der Autor den Garten?

5. Welche Kräuter pflanzt die Autorin im Garten an?

6. Warum ist es für den Autor wichtig, dass es in seinem Garten viele Farben gibt?

7. Wie bringt der Autor Abwechslung in seinen Garten?

8. Wie fühlt sich der Autor, wenn er in seinem Garten arbeitet?

9. Wodurch fühlt sich der Autor verbunden, wenn er in seinem Garten ist?

# Going shopping

I love going **shopping** in the mall. It's always so much fun to walk around and look at all the different stores. There's something for everyone in the mall, and it's always a great place to find deals on clothes, shoes, and accessories. I **usually** start my shopping trip by walking through the main **entrance** of the mall. From there, I head to my favourite stores first. After looking through those stores, I'll walk around and see if there are any sales going on at other places. I usually end up spending a couple hours in the mall before I finally make my purchases. I always like to take my time when shopping **because** I want to make sure that I'm getting **exactly** what I want. Plus, it's just more fun that way!

I always find it so **fascinating** to people watch while I'm at the mall. You can really tell a lot about a person by the way they shop. Some people are very methodical and take their time, while others just seem to grab **whatever** they can and head for the check-out as fast as possible. There are also those shoppers who seem more interested in talking on their cell phones or texting than actually looking at any of the merchandise! No matter what kind of shopper you are, though, everyone seems to enjoy window shopping—even if you don't actually buy anything. There's just something about looking at all of the pretty things in the store **windows** that makes me happy. Sometimes I fantasise about what it would be like if I could afford **everything** I see! All in all, spending a day shopping at the mall is one

# Einkaufen gehen

Ich gehe gerne im Einkaufszentrum **einkaufen**. Es macht immer so viel Spaß, herumzulaufen und sich all die verschiedenen Geschäfte anzuschauen. Im Einkaufszentrum ist für jeden etwas dabei, und es ist immer ein guter Ort, um Angebote für Kleidung, Schuhe und Accessoires zu finden. **Normalerweise** beginne ich meinen Einkaufsbummel, indem ich durch den **Haupteingang** des Einkaufszentrums gehe. Von dort aus gehe ich zuerst zu meinen Lieblingsgeschäften. Nachdem ich in diesen Geschäften gestöbert habe, laufe ich herum und schaue, ob es in anderen Geschäften Sonderangebote gibt. Normalerweise verbringe ich ein paar Stunden im Einkaufszentrum, bevor ich meine Einkäufe tätige. Ich nehme mir beim Einkaufen immer gerne Zeit, **weil** ich sichergehen will, dass ich **genau** das bekomme, was ich will. Außerdem macht es auf diese Weise einfach mehr Spaß!

Ich finde es immer sehr **faszinierend**, die Leute zu beobachten, wenn ich im Einkaufszentrum bin. Die Art und Weise, wie sie einkaufen, verrät viel über eine Person. Manche Leute gehen sehr methodisch vor und lassen sich Zeit, während andere einfach alles zu nehmen scheinen, **was** sie kriegen können, und so schnell wie möglich zur Kasse gehen. Es gibt auch Leute, die mehr daran interessiert sind, mit ihrem Handy zu telefonieren oder SMS zu schreiben, als sich die Waren anzusehen! Aber egal, welche Art von Käufer man ist, jeder scheint einen Schaufensterbummel zu

of my favourite pastimes. It's a great way to relax and unwind while also getting a little bit of exercise (if you walk around enough). Plus, it's **always** nice to treat yourself to a new shirt or pair of shoes every now and then!

I had a **long** day at work and finally had some time to myself, so I decided to go shopping at the mall. I needed some new clothes for the **upcoming** season. As soon as I walked in, I saw all the bright lights and shiny storefronts. I headed to my favourite store first and started browsing through the racks. I found a few cute tops and tried them on in the dressing room. As I was looking at myself in the mirror, I heard someone coming into the **dressing** room next to mine. I recognised their voice as one of my co-workers. We said hello and started chatting about work. After a few minutes, we both finished up and went our **separate** ways, but then ran into each other again later. We continued chatting and realised that we had more in common than we thought. We finished our drinks and then headed home for the night, **exhausted** from a long day of shopping but happy with our purchases nonetheless.

genießen - auch wenn man nichts kauft. Der Anblick all der schönen Dinge in den **Schaufenstern** macht mich einfach glücklich. Manchmal stelle ich mir vor, wie es wäre, wenn ich mir **alles**, was ich sehe, leisten könnte! Alles in allem ist ein Einkaufstag im Einkaufszentrum eine meiner Lieblingsbeschäftigungen. Es ist eine tolle Möglichkeit, sich zu entspannen und zu relaxen und sich dabei auch noch ein bisschen zu bewegen (wenn man genug läuft). Außerdem ist es **immer** schön, sich hin und wieder ein neues Hemd oder ein Paar Schuhe zu gönnen!

Ich hatte einen **langen** Arbeitstag und endlich etwas Zeit für mich, also beschloss ich, im Einkaufszentrum einkaufen zu gehen. Ich brauchte ein paar neue Klamotten für die **kommende** Saison. Sobald ich das Einkaufszentrum betrat, sah ich all die hellen Lichter und glänzenden Schaufenster. Ich ging zuerst in mein Lieblingsgeschäft und stöberte durch die Regale. Ich fand ein paar schöne Oberteile und probierte sie in der Umkleidekabine an. Als ich mich im Spiegel betrachtete, hörte ich, wie jemand in die **Umkleidekabine** neben mir kam. Ich erkannte die Stimme als eine meiner Kolleginnen. Wir begrüßten uns und begannen über die Arbeit zu plaudern. Nach ein paar Minuten waren wir beide fertig und gingen **unserer** Wege, trafen uns dann aber später wieder. Wir unterhielten uns weiter und stellten fest, dass wir mehr gemeinsam hatten, als wir dachten. Wir tranken noch etwas und gingen dann nach Hause, **erschöpft** von einem langen Einkaufstag, aber dennoch zufrieden mit unseren Einkäufen.

# Comprehension Questions

1. Where do you like to store the most?

2. What is your favorite store in the mall?

3. How long do you usually stay at the mall?

4. What do you think about people who spend a lot of time at the mall?

5. what is your favorite thing to do at the mall?

6. Have you ever bought something at the mall when you didn't really need it?

7. How do you react when you see something at the mall that you would really like, but it is too expensive?

8. Have you ever seen something at the mall and wondered who would buy it?

# Fragen zum Verständnis

1. Wo lagern Sie am liebsten?

2. Welches ist Ihr Lieblingsgeschäft im Einkaufszentrum?

3. Wie lange bleiben Sie normalerweise im Einkaufszentrum?

4. Was denken Sie über Menschen, die viel Zeit im Einkaufszentrum verbringen?

5. Was machst du am liebsten in einem Einkaufszentrum?

6. Hast du schon einmal etwas im Einkaufszentrum gekauft, obwohl du es nicht wirklich gebraucht hast?

7. Wie reagierst du, wenn du im Einkaufszentrum etwas siehst, das du wirklich gerne hättest, aber es ist zu teuer?

8. Hast du schon einmal etwas im Einkaufszentrum gesehen und dich gefragt, wer es wohl kaufen würde?

# At the market

I wake up early on Saturday morning, eager to get to the **market** before it gets too crowded. I throw on some clothes and head out the door, grabbing my reusable bags on the way. As I walk, I start planning what I want to make for the week ahead. I know I want to **roast** vegetables at least once, so I'll need to buy some good quality vegetables. I also want to make a soup or stew, so I'll need to get some meat as well. I'll have to see what looks good when I get there. The market is only a few blocks away, and I can already see the stalls set up and the **people** milling about.

I arrive at the market and head straight for the vegetable stand. The selection is beautiful, and I fill my bags with a variety of **fresh** produce. I chat with the farmer for a bit, and he recommends some recipes to me. I'm excited to try them out. I chat with the **farmers** as I shop, getting to know them and their products. After I have all the vegetables I need, I move on to the meat section. I'm a bit more hesitant here, as I'm not sure what I want to get. I eventually decide on chicken because it is versatile and can be used in a variety of dishes. I also buy a few different cuts of meat, making sure to get grass-fed beef and free-range **chicken**. The butcher was a friendly man, always cheerful despite the long hours he worked. He wrapped up my chicken breasts and steak before chatting to me about his weekend plans. I said goodbye to him and continued on my way. I also grabbed some eggs and cheese from the

# Auf dem Markt

Am Samstagmorgen wache ich früh auf und will unbedingt auf den **Markt**, bevor es zu voll wird. Ich ziehe mir etwas an und gehe zur Tür hinaus, wobei ich unterwegs meine wiederverwendbaren Taschen mitnehme. Auf dem Weg dorthin überlege ich, was ich in der kommenden Woche zubereiten möchte. Ich weiß, dass ich mindestens einmal Gemüse **braten** will, also muss ich gutes Gemüse kaufen. Außerdem möchte ich eine Suppe oder einen Eintopf kochen, also muss ich auch etwas Fleisch kaufen. Ich muss sehen, was gut aussieht, wenn ich dort bin. Der Markt ist nur ein paar Häuserblocks entfernt, und ich sehe schon die Stände aufgebaut und die **Menschen**, die sich dort tummeln.

Als ich auf dem Markt ankomme, steuere ich direkt auf den Gemüsestand zu. Die Auswahl ist großartig, und ich fülle meine Taschen mit einer Vielzahl von **frischen** Produkten. Ich unterhalte mich ein wenig mit dem **Bauern**, und er empfiehlt mir einige Rezepte. Ich bin gespannt darauf, sie auszuprobieren. Beim Einkaufen plaudere ich mit den Landwirten und lerne sie und ihre Produkte kennen. Nachdem ich alles Gemüse eingekauft habe, was ich brauche, gehe ich zur Fleischabteilung. Hier bin ich etwas zögerlicher, da ich mir nicht sicher bin, was ich kaufen möchte. Schließlich entscheide ich mich für Hühnerfleisch, weil es vielseitig ist und für eine Vielzahl von Gerichten verwendet werden kann. Ich kaufe auch ein paar verschiedene Fleischsorten, wobei ich darauf achte, dass ich

dairy section.

The market was bustling with people, all of them eager to get their **hands** on the fresh produce and meat that were on offer. The air was thick with the smell of garlic and onions, and the sound of laughter and conversation filled the air. I made my way through the crowd, picking out the other items I needed for my weekly shop. I filled my **basket** with fruit and vegetables, pasta and bread, before heading to the checkout. The queue was long, but it moved quickly. Finally, the last of the **groceries** were bought, and it was time to go home. The car was loaded up, and the drive home was long and tedious. The traffic was heavy and the heat was oppressive. Finally, the car pulled into the driveway and the relief was palpable. The house was cool and quiet, and it was a haven after the **hustle** and bustle of the market. Everything was put away, and the house was soon back to its usual peace and quiet. I had everything I needed to make some **delicious** meals for myself and for my family. It was good to be home.

Rindfleisch aus Weidehaltung und **Hühnerfleisch** aus Freilandhaltung kaufe. Der Metzger war ein freundlicher Mann, der trotz seiner langen Arbeitszeiten immer gut gelaunt war. Er wickelte meine Hühnerbrust und mein Steak ein und plauderte mit mir über seine Pläne fürs Wochenende. Ich verabschiedete mich von ihm und setzte meinen Weg fort. Ich kaufte auch noch ein paar Eier und Käse aus der Milchabteilung.

Auf dem Markt herrschte reges Treiben, und alle waren begierig darauf, die angebotenen frischen Produkte und das Fleisch zu **ergattern**. Der Geruch von Knoblauch und Zwiebeln lag in der Luft, und Lachen und Gespräche lagen in der Luft. Ich bahnte mir einen Weg durch die Menge und suchte mir die anderen Artikel für meinen Wocheneinkauf aus. Ich füllte meinen Korb mit Obst und Gemüse, Nudeln und Brot, bevor ich mich auf den Weg zur Kasse machte. Die Schlange war lang, aber sie bewegte sich schnell. Schließlich waren die letzten **Lebensmittel** eingekauft, und es war Zeit, nach Hause zu fahren. Das Auto wurde beladen, und die Fahrt nach Hause war lang und mühsam. Der Verkehr war dicht, und die Hitze war drückend. Endlich fuhr das Auto in die Einfahrt, und die Erleichterung war spürbar. Das Haus war kühl und ruhig, und es war eine Oase der Ruhe nach dem **Trubel** auf dem Markt. Alles wurde weggeräumt, und bald herrschte im Haus wieder die gewohnte Ruhe. Ich hatte alles, was ich brauchte, um **köstliche** Mahlzeiten für mich und meine Familie zuzubereiten. Es war schön, zu Hause zu sein.

# Comprehension Questions

1. Where is the person going?

2. What does the person want to buy?

3. How many bags does the person have?

4. How far away is the market?

5. What is the person doing right now?

6. What is everything in the market?

7. How many people are in the market?

8. How long did it take the person to buy everything?

9. How did the person go home?

10. What did the person do when he or she got home?

# Fragen zum Verständnis

1. Wohin geht die Person?

2. Was möchte die Person kaufen?

3. Wie viele Taschen hat die Person?

4. Wie weit ist der Markt entfernt?

5. Was macht die Person jetzt gerade?

6. Was ist alles auf dem Markt?

7. Wie viele Personen befinden sich auf dem Markt?

8. Wie lange hat die Person gebraucht, um alles zu kaufen?

9. Wie ist die Person nach Hause gegangen?

10. Was hat die Person getan, als sie nach Hause kam?

# At the cafe

It was a chilly **autumn morning**, and I had arranged to meet my friend Lily at our favourite cafe for a coffee. I wrapped up warm in my coat and scarf and set off. The leaves were falling from the trees and the air had a nip to it, but the sun was shining and it promised to be a beautiful day. As I walked, I **thought** about how good it was to have a friend like Lily. We had been friends for years, ever since we met at **university**. We bonded over our love of coffee and spending time chatting in cafes. Even though we now lived in different parts of the city, we still managed to meet up for coffee once a week. I arrived at the cafe, and Lily was already there, waiting for me. We hugged each other hello and then ordered our coffees. We found a table by the window and settled down to chat. The **coffee** was delicious, as always, and it was so nice to catch up with Lily. We talked about our week, our jobs, and our plans for the future. It was always so easy to talk to Lily, and I felt like I could tell her anything. After a while, we started to get hungry and **decided** to order some food.

We **ordered** our food and found a seat by the window. The sun was shining in through the window, making everything feel warm and happy. We chatted as we ate our food, enjoying the simple pleasure of being in each other's **company**. The cafe was busy, but it didn't feel crowded. There was a feeling of peace and contentment in the air. As we finished our food, we sat for a while longer, just enjoying the peaceful

# Im Kaffeehaus

Es war ein kühler **Herbstmorgen**, und ich hatte mich mit meiner Freundin Lily in unserem Lieblingscafé auf einen Kaffee verabredet. Ich wickelte mich warm in meinen Mantel und meinen Schal ein und machte mich auf den Weg. Die Blätter fielen von den Bäumen, und die Luft war etwas stickig, aber die Sonne schien, und es versprach ein schöner Tag zu werden. Während ich lief, **dachte** ich darüber nach, wie gut es war, eine Freundin wie Lily zu haben. Wir waren seit Jahren befreundet, seit wir uns an der **Universität** kennen gelernt hatten. Uns verband die Liebe zum Kaffee und zum Plaudern in Cafés. Obwohl wir inzwischen in verschiedenen Stadtteilen wohnten, trafen wir uns immer noch einmal in der Woche auf einen Kaffee. Als ich im Café ankam, war Lily schon da und wartete auf mich. Wir umarmten uns zur Begrüßung und bestellten dann unseren **Kaffee**. Wir suchten uns einen Tisch am Fenster und setzten uns, um zu plaudern. Der Kaffee war wie immer köstlich, und es war so schön, sich mit Lily zu unterhalten. Wir sprachen über unsere Woche, unsere Jobs und unsere Pläne für die Zukunft. Es war immer so einfach, mit Lily zu reden, und ich hatte das Gefühl, dass ich ihr alles sagen konnte. Nach einer Weile bekamen wir Hunger und **beschlossen**, etwas zu essen zu bestellen.

Wir **bestellten** unser Essen und suchten uns einen Platz am Fenster. Die Sonne schien durch das Fenster herein, so dass alles warm und fröhlich wirkte. Wir

**atmosphere**. We talked for a while about different things that had been going on in our lives. It was so nice to catch up with my friend and just **relax**. The sun was shining through the window, and it felt like **nothing** could ruin our perfect day.

Suddenly, I heard a loud crash. I turned around to see that a man had fallen through the ceiling and was lying on the floor in front of us. He was **covered** in dust and debris and appeared to be unconscious. My friend and I were both in shock as we stared at the man lying on the floor. We didn't know what to do or who to call for help. We just sat there staring at him, not knowing what to do. After a few minutes, I snapped out of it and called 911. The operator told me that someone would be there soon. I hung up the phone and told my friend what the **operator** had said. We both just sat there waiting for help to arrive. It felt like forever, but eventually an ambulance **showed up**.

unterhielten uns, während wir aßen, und genossen das einfache Vergnügen, in der **Gesellschaft** des anderen zu sein. Das Café war gut besucht, aber es fühlte sich nicht überfüllt an. Es lag ein Gefühl von Frieden und Zufriedenheit in der Luft. Als wir mit dem Essen fertig waren, saßen wir noch eine Weile und genossen die friedliche **Atmosphäre**. Wir unterhielten uns noch eine Weile über verschiedene Dinge, die in unserem Leben passiert waren. Es war so schön, sich mit meiner Freundin auszutauschen und einfach zu **entspannen**. Die Sonne schien durch das Fenster, und wir hatten das Gefühl, dass **nichts** unseren perfekten Tag stören konnte.

Plötzlich hörte ich ein lautes Krachen. Ich drehte mich um und sah, dass ein Mann durch die Decke gefallen war und vor uns auf dem Boden lag. Er war mit Staub und Trümmern **bedeckt** und schien bewusstlos zu sein. Mein Freund und ich standen beide unter Schock und starrten auf den Mann, der auf dem Boden lag. Wir wussten nicht, was wir tun oder wen wir um Hilfe bitten sollten. Wir saßen einfach da und starrten ihn an, ohne zu wissen, was wir tun sollten. Nach ein paar Minuten riss ich mich zusammen und rief 911 an. Die Telefonistin sagte mir, dass bald jemand da sein würde. Ich legte den Hörer auf und erzählte meinem Freund, was die **Telefonistin** gesagt hatte. Wir saßen beide einfach da und warteten auf Hilfe. Es kam mir wie eine Ewigkeit vor, aber schließlich **tauchte** ein Krankenwagen auf.

# Comprehension Questions

1. Where does the man who falls through the roof come from?

2. Why is the woman with her friend in the café?

3. What is the two friends' favorite café?

4. How long have the two friends known each other?

5. What is the two friends' favorite drink?

6. In which city do the two friends live?

7. How often do the two friends meet?

8. What do the two friends talk about when they first meet at their favorite café?

9. What is the favorite food of the two friends?

10. Why is it so easy to talk to Lily?

# Fragen zum Verständnis

1. Woher kommt der Mann, der durch das Dach fällt?

2. Warum ist die Frau mit ihrer Freundin im Café?

3. Welches ist das Lieblingscafé der beiden Freunde?

4. Wie lange kennen sich die beiden Freundinnen schon?

5. Welches ist das Lieblingsgetränk der beiden Freunde?

6. In welcher Stadt leben die beiden Freunde?

7. Wie oft treffen sich die beiden Freunde?

8. Worüber sprechen die beiden Freunde, als sie sich zum ersten Mal in ihrem Lieblingscafé treffen?

9. Was ist das Lieblingsessen der beiden Freunde?

10. Warum ist es so einfach, mit Lily zu reden?

# Going swimming

The pool was always a **refreshing** place to be, and today was no different. The sun was shining and the water looked inviting. I took a deep breath and dove in, feeling the cool embrace of the water. I swam laps for a while, enjoying the exercise and the chance to clear my head. After a while, I got out and dried off, then sat down on a towel to relax in the sun. I closed my eyes and let the **warmth** wash over me, feeling my muscles start to relax. Suddenly, I heard a splash and opened my eyes to see my little sister **paddling around** in the shallow end. I smiled and watched her for a while, then stood up and walked over to her. We chatted for a bit and paddled around together, enjoying each other's company. Soon, our parents joined us, and we spent the rest of the afternoon swimming and playing games together. It was always so nice to spend time with the family at the pool. There's **something** about being in the water that just seems to bring people together. Maybe it's because we're all equal when we're in the water—we can't hide our flaws or pretend to be something we're not. Or maybe it's just because it's fun! **Whatever** the reason, I was just glad that we could all come together and enjoy each other's company in such a special place.

The sun was beating down on my skin and the smell of chlorine was in the air. I could hear the sounds of kids laughing and splashing around in the pool. I was lying on a **lounge chair** next to the pool, soaking up the sun

# Schwimmen gehen

Der Pool war immer ein **erfrischender** Ort, und heute war es nicht anders. Die Sonne schien und das Wasser sah einladend aus. Ich holte tief Luft, tauchte ein und spürte die kühle Umarmung des Wassers. Ich schwamm eine Weile Runden, genoss die Bewegung und die Möglichkeit, den Kopf frei zu bekommen. Nach einer Weile stieg ich aus dem Wasser und trocknete mich ab, dann setzte ich mich auf ein Handtuch, um mich in der Sonne zu entspannen. Ich schloss die Augen und ließ die **Wärme** über mich ergehen, während sich meine Muskeln zu entspannen begannen. Plötzlich hörte ich ein Plätschern und öffnete die Augen, um meine kleine Schwester zu sehen, die im flachen Wasser **herumplanschte**. Ich lächelte und sah ihr eine Weile zu, dann stand ich auf und ging zu ihr hinüber. Wir unterhielten uns eine Weile, paddelten zusammen und genossen die Gesellschaft des anderen. Bald gesellten sich unsere Eltern zu uns, und wir verbrachten den Rest des Nachmittags mit Schwimmen und gemeinsamen Spielen. Es war immer schön, Zeit mit der Familie im Schwimmbad zu verbringen. Der **Aufenthalt** im Wasser scheint die Menschen zusammenzubringen. Vielleicht liegt es daran, dass wir alle gleich sind, wenn wir im Wasser sind - wir können unsere Schwächen nicht verstecken oder vorgeben, etwas zu sein, was wir nicht sind. Oder vielleicht liegt es einfach daran, dass es Spaß macht! **Was auch immer** der Grund ist, ich war einfach froh, dass wir alle zusammenkommen und die Gesellschaft des anderen

and **enjoying** the day. I had my eyes closed and was just about to drift off to sleep when I heard someone walking up to me. I opened my eyes and saw a woman standing next to me. She was wearing a bikini and had a towel wrapped around her waist. She had long blonde hair and blue eyes. She was holding a bottle of **sunscreen** in her hand. "Do you mind if I put some sunscreen on your back?" she asked. "No, that's fine," I said, sitting up so she could reach my back. I felt her hands on my skin as she applied the sunscreen.

Her touch was gentle and the scent of the sunscreen was soothing. I closed my eyes again and let myself relax. I could hear the **sound** of her moving around, but I didn't open my eyes. I was content just lying there in the sun, listening to the sound of the waves **crashing** against the shore. After a few minutes, she walked away, and I opened my eyes. I watched her as she walked back to her lounge chair and picked up her book. She settled into her chair and began reading. I closed my eyes again and let myself drift off to sleep. I **dreamed** that I was swimming in the pool, doing laps back and forth. The water was refreshing and cool on my skin.

an einem so besonderen Ort genießen konnten.

Die Sonne brannte auf meine Haut und der Geruch von Chlor lag in der Luft. Ich konnte das Lachen der Kinder hören, die im Pool planschten. Ich lag auf einem **Liegestuhl** neben dem Pool, **genoss** die Sonne und den Tag. Ich hatte meine Augen geschlossen und wollte gerade einschlafen, als ich hörte, wie jemand auf mich zukam. Ich öffnete meine Augen und sah eine Frau neben mir stehen. Sie trug einen Bikini und hatte sich ein Handtuch um die Taille geschlungen. Sie hatte langes blondes Haar und blaue Augen. In der Hand hielt sie eine Flasche mit **Sonnencreme**. "Stört es Sie, wenn ich Ihnen den Rücken eincreme?", fragte sie. "Nein, das ist in Ordnung", sagte ich und setzte mich auf, damit sie meinen Rücken erreichen konnte. Ich spürte ihre Hände auf meiner Haut, als sie das Sonnenschutzmittel auftrug.

Ihre Berührung war sanft, und der Duft der Sonnencreme wirkte beruhigend. Ich schloss wieder die Augen und ließ mich entspannen. Ich konnte **hören**, wie sie sich bewegte, aber ich öffnete meine Augen nicht. Ich war damit zufrieden, einfach nur in der Sonne zu liegen und dem Rauschen der Wellen zu lauschen, die an den **Strand** schlugen. Nach ein paar Minuten ging sie weg, und ich öffnete die Augen. Ich sah ihr nach, wie sie zu ihrem Liegestuhl zurückging und ihr Buch in die Hand nahm. Sie ließ sich in ihrem Sessel nieder und begann zu lesen. Ich schloss wieder meine Augen und ließ mich in den Schlaf treiben. Ich **träumte**, dass ich im Pool schwamm und meine Runden drehte. Das Wasser war erfrischend und kühl auf meiner Haut.

# Comprehension Questions

1. Where was the narrator when the story begins?

2. What does the narrator smell when he opens his eyes?

3. What does the narrator hear when he opens his eyes?

4. Whose sunscreen does the woman give the narrator?

5. What does the narrator dream about?

6. Why is swimming in the ocean so special to the narrator?

7. What does the water feel like when the narrator swims in it?

8. What does the narrator see when he comes out of the water?

# Fragen zum Verständnis

1. Wo war der Erzähler, als die Geschichte begann?

2. Was riecht der Erzähler, wenn er seine Augen öffnet?

3. Was hört der Erzähler, wenn er seine Augen öffnet?

4. Wem gehört die Sonnencreme, die die Frau dem Erzähler gibt?

5. Wovon träumt der Erzähler?

6. Warum ist das Schwimmen im Meer für den Erzähler so besonders?

7. Wie fühlt sich das Wasser an, wenn der Erzähler darin schwimmt?

8. Was sieht der Erzähler, wenn er aus dem Wasser kommt?

# Mowing the lawn

It's 10 in the morning on a **summer Saturday**, and the sun is already beating down mercilessly. You trudge out to the garage to fetch the lawn mower, feeling like you're being **sentenced** to hard labor. You start mowing the lawn, making sure to go nice and slow so you don't miss any spots. As you're mowing, you think about how good it feels to be outside in the fresh air. As you start pushing the mower back and forth across the lawn, you see your neighbour out of the corner of your **eye**. You wave and say hi, and he waves back.

After a few minutes, you're done, and you head over to your neighbour's house to have a beer with him in the front garden. It's a **perfect** day—not too hot, with a gentle breeze blowing. You sit there in the shade of the tree, sipping your beer and chatting with your neighbour. It's days like this that make you appreciate summertime. Then you **head** inside for a well-deserved beer. You flop down in a chair on the front porch and crack open the can, letting out a contented sigh. The sound of the mower fades into the background as you relax in the shade, enjoying the **peacefulness** of the moment. The beer tastes extra good after all that hard work in the heat. I was about to head inside when I heard a noise next door.

It **sounded** like someone was crying. I stopped mowing and walked over to the fence that separated our yards. I peered over and saw my neighbor, Mrs. Johnson,

# Den Rasen mähen

Es ist 10 Uhr morgens an einem **Sommersamstag**, und die Sonne brennt bereits erbarmungslos auf die Erde. Sie stapfen in die Garage, um den Rasenmäher zu holen, und haben das Gefühl, dass Sie zu harter Arbeit **verurteilt** werden. Du fängst an, den Rasen zu mähen, wobei du darauf achtest, dass du schön langsam vorgehst, damit du keine Stelle übersiehst. Während du mähst, denkst du daran, wie gut es sich anfühlt, draußen an der frischen Luft zu sein. Als du den Rasenmäher hin und her schiebst, siehst du aus dem **Augenwinkel** deinen Nachbarn. Sie winken und grüßen, und er winkt zurück.

Nach ein paar Minuten sind Sie fertig und gehen zum Haus Ihres Nachbarn, um mit ihm im Vorgarten ein Bier zu trinken. Es ist ein **perfekter** Tag - nicht zu heiß, und es weht eine leichte Brise. Sie sitzen im Schatten des Baumes, nippen an Ihrem Bier und unterhalten sich mit Ihrem Nachbarn. Es sind Tage wie dieser, an denen man den Sommer zu schätzen weiß. Dann **gehen** Sie ins Haus, um ein wohlverdientes Bier zu trinken. Sie lassen sich in einen Stuhl auf der Veranda fallen, öffnen die Dose und lassen einen **zufriedenen** Seufzer los. Das Geräusch des Rasenmähers tritt in den Hintergrund, während du dich im Schatten entspannst und die Ruhe des Augenblicks genießt. Das Bier schmeckt besonders gut nach all der harten Arbeit in der Hitze. Ich wollte gerade reingehen, als ich nebenan ein Geräusch hörte.

crying on her porch swing. I called out to her, but she didn't hear me. I climbed over the fence and walked over to her. "Mrs. Johnson, are you okay?" I asked. She looked up at me with tears in her eyes and shook her head. "No, I'm not okay," she said. "My cat died yesterday." I was shocked. I didn't know what to say. I just stood there awkwardly, not knowing what to do. Finally, I put my hand on her **shoulder** and said, "I'm so sorry, Mrs. Johnson. If there's anything I can do to help, please let me know. " She shook her head and said, "No, there's **nothing** anyone can do." Then she got up and went inside her house. I stood there for a moment, not knowing what to do. Then I went back to mowing my lawn. As I finished up, I couldn't help but think about Mrs. Johnson and her cat.

Es **hörte** sich an, als würde jemand weinen. Ich hörte auf zu mähen und ging zu dem Zaun, der unsere Gärten trennte. Ich spähte hinüber und sah meine Nachbarin, Mrs. Johnson, weinend auf ihrer Verandaschaukel. Ich rief nach ihr, aber sie hörte mich nicht. Ich kletterte über den Zaun und ging zu ihr hinüber. "Mrs. Johnson, geht es Ihnen gut?" fragte ich. Sie schaute mich mit Tränen in den Augen an und schüttelte den Kopf. "Nein, mir geht es nicht gut", sagte sie. "Meine Katze ist gestern gestorben." Ich war schockiert. Ich wußte nicht, was ich sagen sollte. Ich stand nur unbeholfen da und wusste nicht, was ich tun sollte. Schließlich legte ich ihr die Hand auf die **Schulter** und sagte: "Es tut mir so leid, Mrs. Johnson. Wenn ich Ihnen irgendwie helfen kann, lassen Sie es mich bitte wissen. "Sie schüttelte den Kopf und sagte: "Nein, es gibt nichts, was man tun könnte." Dann stand sie auf und ging in ihr Haus. Ich stand einen Moment lang da und wusste **nicht**, was ich tun sollte. Dann mähte ich wieder meinen Rasen. Als ich fertig war, musste ich unweigerlich an Frau Johnson und ihre Katze denken.

# Comprehension Questions

1. What time is it?

2. Where is the person mowing?

3. How does the person feel?

4. Why does the person have to mow slowly?

5. What kind of weather is it?

6. What is the person doing after mowing?

7. What does the person hear before going home?

8. Whois with Mrs. Johnson?

9. Why is Mrs. Johnson crying?

10. What does the person say to Mrs. Johnson?

# Fragen zum Verständnis

1. Wie spät ist es?

2. Wo mäht die Person gerade?

3. Wie fühlt sich die Person?

4. Warum muss die Person langsam mähen?

5. Was für ein Wetter ist es?

6. Was macht die Person nach dem Mähen?

7. Was hört die Person, bevor sie nach Hause geht?

8. Wer ist bei Mrs. Johnson?

9. Warum weint Frau Johnson?

10. Was sagt die Person zu Frau Johnson?

# Getting a haircut

I had been meaning to get a haircut for weeks, but somehow always managed to put it off. But with **Christmas** just around the corner, I knew I couldn't put it off any longer. I didn't want to show up to my family's Christmas dinner looking like a scruffy mess. So, early on Christmas morning, I made my way to the salon. Even though it was early, the salon was already busy with other people **getting** their hair done for the holiday. I took my place in the line and waited my turn. Finally, it was my turn in the chair. The stylist, a friendly woman named Jill, asked me what I wanted. "Just a trim, nothing too drastic," I replied. Jill got to work, snipping away at my hair. As she worked, I began to relax. It felt good to finally be taking care of myself. I had been so busy lately, running around taking care of everyone else, that I had let my own needs fall by the wayside. But not **anymore**. From now on, I was going to make time for myself.

When Jill was finished, I looked in the mirror and was pleased with what I saw. My hair looked tidy and polished—perfect for holiday gatherings. I **thanked** Jill and made a mental **note** to come back more often. From now on, I will take care of myself first and foremost. She got to work snipping away at my hair. I thought about how thankful I was that I had finally

# Zum Haareschneiden gehen

Ich wollte mir schon seit Wochen die Haare schneiden lassen, aber irgendwie habe ich es immer wieder aufgeschoben. Aber da **Weihnachten** vor der Tür stand, wusste ich, dass ich es nicht länger aufschieben konnte. Ich wollte beim Weihnachtsessen meiner Familie nicht wie ein schmuddeliges Häufchen Elend dastehen. Also machte ich mich am frühen Weihnachtsmorgen auf den Weg zum Friseur. Obwohl es noch früh war, war der Salon schon voll mit anderen Leuten, die sich für die Feiertage die Haare **machen** ließen. Ich nahm meinen Platz in der Schlange ein und wartete, bis ich an der Reihe war. Endlich war ich mit dem Stuhl dran. Die Friseurin, eine freundliche Frau namens Jill, fragte mich, was ich wollte. "Nur einen Trimmschnitt, nichts allzu Drastisches", antwortete ich. Jill machte sich an die Arbeit und schnippelte an meinem Haar herum. Während sie arbeitete, begann ich mich zu entspannen. Es war ein gutes Gefühl, mich endlich um mich selbst zu kümmern. In letzter Zeit war ich so sehr damit beschäftigt gewesen, mich um alle anderen zu kümmern, dass ich meine eigenen Bedürfnisse vernachlässigt **hatte**. Aber das war vorbei. Von nun an wollte ich mir Zeit für mich nehmen.

Als Jill fertig war, schaute ich in den Spiegel und war mit dem, was ich sah, zufrieden. Mein Haar sah ordentlich

gotten around to getting my haircut. It felt good to know that I would look presentable for **Christmas dinner**. No longer would I have to worry about my family teasing me about my "scruffy" appearance. After a few minutes, the stylist was finished trimming my hair and gave me a quick blow dry. I looked in the mirror and was happy with what I saw—a clean-cut look that would be perfect for Christmas dinner. Now that my haircut was out of the way, I could focus on enjoying the holiday with my family. And I was even more thankful for that.

It felt so **liberating**, and I loved the way my new haircut looked. After I paid for my haircut, I went home and started packing for my trip. I **couldn't** wait to show off my new look to my family and friends. I knew they would be surprised when they saw me. On the day of my flight, I arrived at the airport with plenty of time to spare. I went through security without any problems, and soon I was on my way. As soon as I arrived at my destination, I could feel the excitement in the air.

und glänzend aus - perfekt für Festtagsfeiern. Ich **bedankte** mich bei Jill und **notierte** mir, dass ich öfter wiederkommen würde. Von nun an werde ich mich in erster Linie um mich selbst kümmern. Sie machte sich an die Arbeit und schnippelte an meinem Haar herum. Ich dachte darüber nach, wie dankbar ich war, dass ich endlich dazu gekommen war, mir die Haare schneiden zu lassen. Es war ein gutes Gefühl zu wissen, dass ich zum **Weihnachtsessen** vorzeigbar aussehen würde. Ich würde mir keine Sorgen mehr machen müssen, dass meine Familie mich wegen meines "ungepflegten" Aussehens hänseln würde. Nach ein paar Minuten war der Friseur mit dem Schneiden meiner Haare fertig und föhnte sie kurz. Ich schaute in den Spiegel und war zufrieden mit dem, was ich sah - ein gepflegtes Aussehen, das perfekt für das Weihnachtsessen sein würde. Jetzt, da der Haarschnitt erledigt war, konnte ich mich darauf konzentrieren, die Feiertage mit meiner Familie zu genießen. Und dafür war ich sogar noch dankbarer.

Es fühlte sich so **befreiend** an, und ich war begeistert von meinem neuen Haarschnitt. Nachdem ich den Haarschnitt bezahlt hatte, ging ich nach Hause und fing an, für meine Reise zu packen. Ich **konnte** es kaum erwarten, meiner Familie und meinen Freunden meinen neuen Look zu zeigen. Ich wusste, dass sie überrascht sein würden, wenn sie mich sahen. Am Tag meines Fluges kam ich rechtzeitig am Flughafen an. Ich passierte die Sicherheitskontrolle ohne Probleme und war bald auf dem Weg. Als ich an meinem Zielort ankam, konnte ich die Aufregung in der Luft spüren.

# Comprehension Questions

1. What did the protagonist need to do before Christmas?

2. How did the protagonist feel about taking care of herself?

3. Who trimmed the protagonist's hair?

4. Why was the protagonist's family going to tease her?

5. How did the protagonist feel after getting her haircut?

6. What did the protagonist do after getting her haircut?

7. What was the protagonist's family's reaction to her haircut?

8. What did the protagonist do on Christmas Eve?

9. What made the protagonist's experience more special?

# Fragen zum Verständnis

1. Was musste der Protagonist vor Weihnachten tun?

2. Wie hat sich die Protagonistin gefühlt, als sie sich um sich selbst gekümmert hat?

3. Wer hat der Protagonistin die Haare gestutzt?

4. Warum wollte die Familie der Protagonistin sie hänseln?

5. Wie hat sich die Protagonistin gefühlt, nachdem sie ihre Haare geschnitten hatte?

6. Was hat die Protagonistin nach dem Haarschnitt getan?

7. Wie hat die Familie der Protagonistin auf ihren Haarschnitt reagiert?

8. Was hat die Protagonistin an Heiligabend gemacht?

9. Was machte die Erfahrung der Protagonistin zu etwas Besonderem?

# The Park

The sun was setting, and the park was empty. I sat on the bench, waiting for my **friend**. We had planned to meet here an hour ago, but she was always late. Just as I was about to give up and go home, I saw her running towards me.
"I'm so sorry," she panted as she reached the bench. "My train was **delayed**."
"It's okay," I said **forgivingly**. "I just got here myself."

We sat down and chatted for a while, catching up on each other's lives since we last met. The conversation flowed **easily**, and it felt like no time had passed at all since we last saw each other. As the sun set, we said our goodbyes and went our separate ways. The next time we met, it was in a different park. Again, she was late, but I didn't mind. It was nice to have someone to talk to who **understood** me. We talked about our dreams and **aspirations**, things we wanted to do with our lives. She told me about her plans to travel the world, and I shared my dream of becoming a writer. As the sun set on another day, we said goodbye once again, promising to keep in touch this time.

Years passed, and our **friendship** remained strong even though we lived in different parts of the country now. We kept in touch through letters and occasional phone calls, sharing news of our lives with each other. When she announced that she was getting married, I wasn't **surprised** - she had always been the

# Im Park

Die Sonne ging gerade unter, und der Park war leer. Ich saß auf der Bank und wartete auf meine **Freundin**. Wir hatten uns vor einer Stunde hier verabredet, aber sie kam immer zu spät. Gerade als ich aufgeben und nach Hause gehen wollte, sah ich sie auf mich zulaufen.
"Es tut mir so leid", keuchte sie, als sie die Bank erreichte. "Mein Zug hatte **Verspätung**."
"Schon gut", sagte ich **versöhnlich**. "Ich bin auch gerade erst gekommen."

Wir setzten uns und unterhielten uns eine Weile, wobei wir uns über das Leben des anderen unterhielten, seit wir uns das letzte Mal gesehen hatten. Das Gespräch verlief **mühelos**, und es kam mir vor, als wäre überhaupt keine Zeit vergangen, seit wir uns das letzte Mal gesehen hatten. Als die Sonne unterging, verabschiedeten wir uns und gingen unsere eigenen Wege. Das nächste Mal, als wir uns trafen, war es in einem anderen Park. Wieder war sie spät dran, aber das machte mir nichts aus. Es war schön, jemanden zum Reden zu haben, der mich **verstand**. Wir sprachen über unsere **Träume** und Hoffnungen, über die Dinge, die wir in unserem Leben tun wollten. Sie erzählte mir von ihren Plänen, die Welt zu bereisen, und ich erzählte von meinem Traum, Schriftstellerin zu werden. Als die Sonne an einem anderen Tag unterging, verabschiedeten wir uns noch einmal und versprachen uns, diesmal in Kontakt zu bleiben.

**adventurous** type. But when she asked me if I would be her maid of honor at her wedding ceremony taking place halfway around the world from where I lived...that took some convincing! In the end though I couldn't let my best friend get married without me by her side so despite my fears (and after much pleading from her!) I agreed **to go along** for what turned out to be the **adventure** of a lifetime.

The day of the **wedding** finally arrived. I was nervous, but excited to be a part of such an important moment in my friend's life. The ceremony was beautiful, and she looked happy as she said her vows. Afterward, we celebrated with a big party – it seemed like everyone she knew had come to celebrate with her! It was a **magical** day that will never forget, and our friendship only grew stronger after that adventure. Now, years later, we still keep in touch. We've both changed a lot since we first met, but our friendship is as strong as ever. Whenever we meet up - whether it's in a park or halfway around the world - it feels like no time has passed at all.

Die Jahre vergingen, und unsere **Freundschaft** blieb bestehen, obwohl wir jetzt in verschiedenen Teilen des Landes lebten. Wir hielten den Kontakt durch Briefe und gelegentliche Telefonanrufe aufrecht und teilten uns gegenseitig die Neuigkeiten aus unserem Leben mit. Als sie ankündigte, dass sie heiraten würde, war ich nicht **überrascht** - sie war schon immer der **abenteuerlustige** Typ gewesen. Aber als sie mich fragte, ob ich ihre Trauzeugin bei ihrer Hochzeitsfeier sein würde, die am anderen Ende der Welt stattfand, musste ich sie erst einmal überzeugen! Letztendlich konnte ich aber nicht zulassen, dass meine beste Freundin heiratet, ohne dass ich an ihrer Seite bin, und so stimmte ich trotz meiner Ängste (und nach langem Bitten ihrerseits!) zu, das **Abenteuer** meines Lebens **mitzumachen**.

Endlich war der Tag der **Hochzeit** gekommen. Ich war nervös, aber auch aufgeregt, bei einem so wichtigen Moment im Leben meiner Freundin dabei zu sein. Die Zeremonie war wunderschön, und sie sah glücklich aus, als sie ihr Gelübde ablegte. Danach feierten wir mit einer großen Party - es schien, als ob jeder, den sie kannte, gekommen war, um mit ihr zu feiern! Es war ein **magischer** Tag, den ich nie vergessen werde, und unsere Freundschaft ist nach diesem Abenteuer nur noch stärker geworden. Jetzt, Jahre später, haben wir immer noch Kontakt. Wir haben uns beide sehr verändert, seit wir uns kennengelernt haben, aber unsere Freundschaft ist so stark wie eh und je. Wann immer wir uns treffen - sei es in einem Park oder am anderen Ende der Welt - fühlt es sich an, als wäre keine Zeit vergangen.

# Comprehension Questions

1. Where did the author and her boyfriend first meet?

2. Why was the author's friend late for their meeting?

3. What did the friends talk about when they met again years later?

4. How did the author feel when she attended her friend's wedding reception?

5. Describe the setting of the wedding ceremony.

6. How did the friendship between the two women change over time?

7. What is the author's dream?

8. Where does the author's friend plan to travel?

9. Why did the author hesitate to attend her friend's wedding?

# Fragen zum Verständnis

1. Wo haben sich die Autorin und ihr Freund zum ersten Mal getroffen?

2. Warum kam der Freund des Autors zu spät zu ihrem Treffen?

3. Worüber sprachen die Freunde, als sie sich Jahre später wieder trafen?

4. Wie hat sich die Autorin gefühlt, als sie an der Hochzeitsfeier ihrer Freundin teilnahm?

5. Beschreiben Sie den Rahmen der Hochzeitszeremonie.

6. Wie hat sich die Freundschaft zwischen den beiden Frauen im Laufe der Zeit verändert?

7. Was ist der Traum des Autors?

8. Wohin plant der Freund des Autors zu reisen?

9. Warum hat die Autorin gezögert, an der Hochzeit ihrer Freundin teilzunehmen?